保育で使える！わくわくマジック

菅原 英基／著

ひかりのくに

はじめに

　マジックは人の心と心をつなぐ身近なコミュニケーションツールです。だれでも一度は忘れられない思い出としてマジックを体験したことがあると思います。

　僕は子どものころ、インドの大魔術と園の先生のマジックに触れ、ものすごく不思議なものへの知的好奇心を刺激されたものでした。そして、下手なマジックを友達や家族に披露しては喜んだり落ち込んだりを繰り返していました。しかし、その心のふれあいが、今の自分の支えになっていることを日々感じています。

　私たちは社会の大きな出来事や変化の中で心のふれあいを求め、思いやりや絆というものをあらためて感じる機会が多くなってきました。この本では、子どもたちとのふれあいに生かせる、心にやさしいマジックを中心に集めてみました。マジックを通して子どもたちに、皆さんの温かい思いが届くよう心から願っています。

菅原 英基

本書の特長　保育現場で使える、うれしい3つの特長！

1♪ 子どもたちを夢中にさせる**人気のマジック**を**37本収録！**

2♬ 日常のちょっとしたときや園行事など、**いろいろな場面**で使える！

3♪ **演出のコツやアレンジが満載**で、使い方が広がる！

本書の見方　保育のいろいろな場面で使えるマジックがいっぱい！どのマジックからやってもOKです！

マジック名
第1章「ちょこっとマジック」
第2章「じっくりマジック」
第3章「お散歩マジック」
の3章立て。それぞれよりすぐりの楽しいマジックを紹介しています。

ひと目でわかるマーク
タイトル横には、わかりやすいマークが付いています。

 マジックにかかる目安の時間

 子どもにお手伝いをしてもらうもの

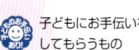 繰り返しできるもの

 おまじないを使うもの

ここがポイント！
こうすると効果的！
マジックのしかけや演じるときのポイントを紹介しています。ここがスムーズにできるとOK！

こんなときにおすすめ！
保育の中で特におすすめの場面を紹介しています。

子どもの不思議！ 実体験
マジックを見るだけではなく道具を触ってみると、不思議さがさらにup！ 子どもの実体験としてのヒントを紹介しています。

どんなマジック？
どんなことが起こるマジックか、写真やイラストで示しています。

アレンジ
道具やストーリーのさまざまなアレンジを紹介しています。クラスの子どもたちに合わせて、行なってみましょう。

用意するもの　作り方
はじめる前の準備
マジックに使う道具、演じる前に製作しておくもの、準備しておくことが書かれています。

進め方
マジックの進め方、演じ方が書かれています。演じるときのセリフとともに場面を見やすく紹介しています。

＊はじめのことばがけ＊
＊しめくくりのことばがけ＊
ことばがけひとつで、子どもの興味の持ち方が変わります。「はじめ」や「しめくくり」など、特に注目してください。

もくじ

はじめに…**2**／本書の特長・本書の見方…**3**

 序章 これであなたもマジシャン！
とっておきの秘訣

秘訣❶ こんな場面でマジシャンに！…**8**
秘訣❷ 楽しく効果的に演出する11のコツ…**10**
秘訣❸ 簡単に作れる！ マジックお助けグッズ…**12**
秘訣❹ 慌てない！ 楽しく演じられる　マジシャンレッスン5step!…**14**

 **第1章** いつでもどこでも！
ちょこっとマジック

	用意するもの	特徴	時間	
❶ 集まる友達コイン	動物コイン（画用紙）		1分	…16
❷ 元気な鯉のぼり	輪ゴム、鯉のぼり（折り紙）		1分	…18
❸ 不思議なひも	ひも		1分	…20
❹ お水が氷に変身	水、氷、マグカップ、ティッシュペーパー		1分	…22
❺ なかよしクリップさん	ゼムクリップ、色上質紙		1分	…24
❻ ピョンピョンウサギちゃん	輪ゴム、ウサギ（画用紙）		1分	…27
❼ タヌキさんと鬼ごっこ	輪ゴム、タヌキ（画用紙）		1分	…30
❽ ストローのダンス	ストロー、両面テープ		1分	…33
❾ 瞬間！ ひも通し	ひも		2分	…36
❿ 指にくっつく積み木	積み木、ハンカチ		1分	…39

	用意するもの	特徴	時間	
⑪ ハンカチの穴が消えちゃった！	ハンカチ、おまじない棒			…42
⑫ キャンディーの瞬間移動	キャンディー、ハンカチ、輪ゴム			…45
⑬ なかよし4人組	トランプ			…48
⑭ 力持ちのクマさん	マグカップ、クマのカード（厚紙）			…51
⑮ 脱出！レモンさん	レモン、コップ、ハンカチ、輪ゴム			…54
⑯ ティッシュペーパーが元どおり	箱入りのティッシュペーパー、両面テープ			…57
⑰ ふたりの力持ちさん	ワニ（折り紙）、力持ちさん（トイレットペーパーの芯）、5円玉			…60

 第2章 行事などに！ **じっくりマジック**

	用意するもの	特徴	時間	
❶ 不思議な紙袋	紙袋、キャンディーなど			…64
❷ 画用紙の中からおめでとう！	色画用紙、筒、キラキラモール、紙吹雪			…67
❸ ジャンプが得意なマグカップ	ひも、マグカップ			…70
❹ ロープをすり抜けるリング	リング、ひも、ハンカチ			…73
❺ どんどん当たるカード	トランプ			…76

もくじ

		用意するもの	特徴	時間	
❻	変身するヤギさん	ぬいぐるみ、絵カード（厚紙）など		2分	…79
❼	変身！ サプライズイリュージョン	大判の布、大型積み木		3分	…82
❽	サクラの花びらの素	カップ、花吹雪など		1分	…86
❾	どんどん当たる名札	名札、紙袋		2分	…89
❿	紙の中からペットボトルが出現！	色画用紙、ペットボトル		1分	…92
⓫	おイモ抜けるかな？	おイモ（色画用紙、モール）、ひも、おまじない棒		2分	…95
⓬	鬼は外！ 福は内！	鬼と福の神（画用紙）、両面テープ		1分	…99
⓭	こころのリボン	リボン、マグカップ新聞紙、ヘアゴム		1分	…102

第3章 遠足などにも！ お散歩マジック

		用意するもの	特徴	時間	
❶	元気な葉っぱ	葉		1分	…106
❷	がんばれ！ 枝くん	小枝		1分	…108
❸	折れても元に戻る小枝	小枝、ハンカチ		1分	…110
❹	穴が消えちゃうペットボトル	ペットボトル、ティッシュペーパー、小枝		1分	…112
❺	葉っぱがいっぱい！	葉		1分	…114
❻	おうちに帰る木の実	木の実		1分	…117
❼	ミラクル元気ハンカチ	花、ハンカチ		1分	…120

● 型紙…**123**

序章

これであなたもマジシャン!

とっておきの秘訣

マジックって、どんなときに、どうやって始めたらいいの?
どうしたら、楽しく、じょうずに演じられるの?
まずは、子どもたちをドキドキ、ワクワク夢中にさせる
すてきな"マジシャン"になるための、
マジックの魅力や演出のコツ、便利なグッズを紹介します!

こんな場面でマジシャンに！

マジックは、行事のときはもちろん、毎日のちょっとした空き時間に、またお散歩の途中など屋外でも、手軽に行なうことができます。園でのいろいろな場面で、マジックを取り入れてみましょう。

マジックはコミュニケーションのツール

抜けるはずのないひもがスルスルッと指の間から抜けたり、輪ゴムがパッとほかの指に移動したり、細かい説明などなくても、一瞬にしてその不思議さを体験できることがマジックの魅力です。特に子どもたちは、理屈など関係なしに、目の前で起こることに目をキラキラと輝かせます。

そんなマジックを、保育の現場で活用しない手はありません。保育者のみなさんは、いろいろな場面でマジシャンになって、マジックをコミュニケーションのツールとして使ってみてください。子どもたちは、その体験を通してイマジネーションを膨らませ、好奇心や探究心をはぐくんでいくでしょう。また、その体験が、子どもたちと先生の、さらに子どもたち同士や家族との心のふれあいにも、きっとつながっていくことでしょう。

こんな場面で！ その1

保育室で、園庭で……日常のちょっとしたときに♪

この本の第1章では、ひもや輪ゴム、画用紙など身近なものを使って、日常のいろいろな場面でできるマジックを集めました。例えば、お弁当や給食の前、通園バスを待つ間などのちょっとした空き時間に、また、子どもたちが遊んでいるとき、ひとりぼっちでさびしそうにしている子がいるときなどに、「先生、今ね、不思議なひもを持ってるんだよ」などとマジックを始めてみてください。子どもたちは「何が始まるのかな？」「どうなるのかな？」と興味を持って、注目してくれるでしょう。

誕生会や発表会、季節の行事のときに！♪

第2章では、誕生会や発表会、そのほか季節の行事など、園行事で行なうのにぴったりのマジックを集めました。出し物としてはもちろん、演目と演目の間のつなぎにも役だちます。ステージなどでおおぜいの子どもたちの前で行なうのであれば、少し本格的なイリュージョンマジックに挑戦するのもよいでしょう。

こんな場面で！その3

お散歩の途中や遠足で自然物を使ったマジック！♫

マジックができるのは、保育室や園行事のステージだけではありません。第3章では、お散歩の途中や遠足のときなど、屋外でできるマジックを集めました。屋外では、葉や小枝などがマジックの小道具に。自然の中で行なうマジックは、よりいっそう子どもたちのイマジネーションを膨らませ、自然の持つ不思議さや生命力を感じさせることができるでしょう。

序章　秘訣①　こんな場面でマジシャンに！

秘訣② 楽しく効果的に演出する11のコツ

マジックは、ほんの少し工夫をするだけで、見え方や伝わり方が変わり、子どもたちの心を引きつける効果もUP！ ここでは、演出のコツを紹介します！

1. 登場から演技を終えるまでの流れが大切！

ただ不思議な現象を見せるのではなく、流れが大切。この本にあるマジックには、ストーリーがあり、無理なく展開できるようになっています。スムーズに演じられるよう、練習をしておくとよいでしょう。

2. ポイントはことばがけ！

特に「はじめ」と「しめくくり」が大事。はじめのことばがけは、これからはじまるマジックへの期待を高めるように、しめくくりのことばがけは、子どもたちの心に余韻を残し、さらにイマジネーションが広がっていくようにしましょう。

3. 子どもの反応を見ながら進めて

一方的に演じるのではなく、子どもたちの声を聞き、反応を見て、コミュニケーションを取りながら進めましょう。

4. 大きなアクション、豊かな表情で！

笑ったり、驚いたり、時にはユーモアたっぷりに、大きめのアクションと豊かな表情で子どもたちに思いを伝えましょう。

5. 進め方の説明を細かくしない！

これから何をするのか、どんなことが起こるのかを細かく説明すると、意外性が失われ、おもしろさも半減してしまいます。子どもたちには、できるだけ、細かく展開の説明をしないようにしましょう。

6. おまじないを使おう！

おまじないはマジックをおもしろくする、とっておきのスパイス。「エイッ」「ちちんぷいぷい」など、いつも使うおまじないの言葉を決めておくとよいでしょう。

序章

秘訣② 楽しく効果的に演出する11のコツ

7. 子どもに参加してもらう

見るだけでなく実体験すると、子どもたちの関心はぐんと高まります。ひもを持ってもらったり、何かを置いてもらったり、場面によって子どもたちに参加してもらうとよいでしょう。

8.「1日1回！」も効果的！

事前の準備が必要なマジックは、繰り返しができないので、「もう一度やって！」などとせがまれたら、困りもの。でもだいじょうぶ。「このマジックはパワーが必要だから、1日1回なんだよ！」ということで、明日が楽しみになりますよ。

9. もし失敗してしまったら

あらかじめ、失敗してしまったときのストーリーやセリフを考えておくと安心。やり直しができるマジックであれば、「あれあれ、おかしいな〜。もう一度やってみようか」「パワーが足りなかったのかな？　みんなのパワーをちょうだい！」などと話しながら、繰り返せばOK。

10. 行事などで演じるときはBGMを使っても

明るく、テンポのよい音楽を選んでBGMとして使えば、スムーズな流れで演じやすく、盛り上がりやすいでしょう。

11. マジックを組み合わせて、演出無限大！

この本で紹介しているマジックは、どれも身近な道具を使って1〜2分でできるものばかり。いくつかのマジックを組み合わせて演じるのもおもしろいでしょう。

マジックが終わったら

小道具を保育室に置いて不思議&好奇心をさらにUP

マジックに使った小道具で特にしかけのないものは、マジックが終わったあと、子どもたちに渡したり保育室に置いたりして、自由に見せてあげるとよいでしょう。実際に見たり触ったりできるようにすることで、マジックの不思議さが増し、子どもたちの好奇心がさらに広がっていくでしょう。

秘訣③ 簡単に作れる！マジックお助けグッズ

マジシャンふうのチョウネクタイやぼうし、それにおまじない棒。これらがあれば、マジシャンになりきって、マジックを楽しく盛り上げることができるはず！ここでは、身近にあるもので簡単に作れるおすすめグッズを紹介します。

★ チョウネクタイ ★

ふだん着でも、チョウネクタイひとつでマジシャンに変身！

ふんわり不織布で
- 不織布をジャバラ折りにする
- フラワーペーパーなどで作ってもgood！

見栄えup キラキラ折り紙で
- キラキラ折り紙をジャバラ折りにする
- 中央をゴムなどで留め、ひもを通す

★ ぼうし ★

舞台栄えもして、より華やかに。楽しい雰囲気でさらに盛り上がります！

パーティー気分の三角ぼうし 
- 扇形に切ったカラー製作紙を円すい形に丸めて、セロハンテープで留める
- キラキラモールで飾り付ける
- ひもやゴムなどを付ける

本格派！シルクハット 
- キラキラテープで飾り付ける
- カラー製作紙でパーツを作り、右図のようにはり合わせる

秘訣④

慌てない！ 楽しく演じられる
マジシャンレッスン 5step!

この本で紹介しているマジックは、簡単にできるものばかりですが、だからといって、"ぶっつけ本番"はよくありません。慌てず、楽しく、子どもたちをワクワクさせるマジックをするためには、実は、準備がとても大切です。

Step1
どんなマジックなのか、よく知っておきましょう

演じる人が、どんなマジックなのか、どう不思議なのかをわかっていないと、子どもたちにマジックのおもしろさを伝えることはできません。まずは、実際に自分でマジックをやってみながら、マジックのおもしろさを体感してみましょう。

Step2
進め方を覚えて、練習しましょう

子どもたちの心を引き付けるためには、スムーズに演技することが大切。進め方をしっかり覚えて、しぜんな演技ができるように練習しましょう。

Step3
ことばがけや演じ方を考えましょう

マジックを演じるときには、子どもたちを思う気持ちが大切です。ただ覚えたとおりに演じるのではなく、子どもたちに楽しんでほしい、イマジネーションを膨らませてほしいという気持ちで、ことばがけや演じ方を考えてみましょう。

Step4
リハーサルをしてみましょう

子どもたちの前で演じる前に、客観的にどんなふうに見えるか、ちゃんと不思議さが伝わるか、同僚の先生や家族に見てもらい、チェックするとよいでしょう。

Step5
本番！

Step1～4がしっかりできていれば、あとはだいじょうぶ。自信を持って演じましょう！

さらにStep up!

アレンジして繰り返してみましょう！

この本では、どのマジックも、小道具を変えたり、ストーリーを変化させたりしてアレンジする方法を紹介しています。"一度披露したら、それで終わり"、ではなく、"一度覚えたら、何倍も楽しめる"のです。各ページの「アレンジ」を参考にして、いろいろな場面で演じてみてください。

第1章

いつでもどこでも！
ちょこっとマジック

マジックは、ただ見せるものではなく、子どもたちといっしょに
体験して楽しむ、コミュニケーションのひとつです。
毎日の保育で、どんどんマジックを取り入れてみましょう。
マジックに使うのは、輪ゴムやひもなど、身近にあるものばかり。
いつでも、どこでも、すぐに始められます！

ちょこっとマジック ①

集まる友達コイン

演じる時間 1分

こんなときにおすすめ！ 入園や進級、年度始めのころに。

用意するもの

- **動物コイン**（厚めの画用紙で作ったもの）‥**6枚**

作り方

厚めの画用紙を丸く切り、動物の顔を描く（型紙→P.123）。

はじめる前の準備

右手のひとさし指と親指で、コイン1枚を絵が前面になるように持ち、その後ろに数枚を重ねて隠し持っておく。

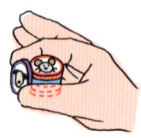

進め方

① 【はじめ】コインを見せながら、子どもたちに声をかけて注目させる。

＊はじめのことばがけ＊

みんな、今日は、**クマさんが遊びに**来ましたよ。

② 前面のコインを子どもたちによく見せる。

> ひとりぼっちでさみしがっているから、みんなであいさつをしてみましょうか。

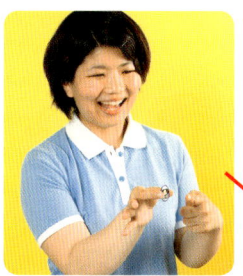

ここがポイント！
＊コインの見せ方＊

後ろのコインが見えないよう角度に気をつけながら、左側、右側、中央と、コインを見せ、1枚しかないことを印象づけます。

左側

右側

中央

こんにちは〜！

③ 右腕をスッと子どもたちのほうに伸ばしながら、つかんでいる指を一度緩めてコイン全部をギュッと握る。

エイッ！

④ 子どもたちの前で握っていた右手をパッと広げ、コインをパラパラと左手に落とす。

あれあれ！

⑤【しめ】増えたコインを子どもたちに見せる。

＊しめくくりのことばがけ＊

> みんなが元気よくあいさつしたら、ほかのお友達も集まってきたよ！

アレンジ

● 卵とヒヨコのコインを作り、卵からヒヨコが生まれるというストーリーもよいでしょう。紙のコインは、幅をそろえて重ねて持てるようにすることがポイント。

● 500円玉4〜5枚で行なっても。園の終わりの時間に、「先生、晩ごはんのおかずを買いたいけれど、コインが1枚しかなくて買えないんだ。でもね……」などと始めてみてもよいでしょう。

第1章 ちょこっとマジック❶ 集まる友達コイン

ちょこっとマジック ❷

元気な鯉のぼり

こんなときにおすすめ！ 「こどもの日」の前などに。

鯉のぼりがひとりでに登っていくよ！

ツツツーッ

用意するもの

- **輪ゴム**‥‥‥‥‥‥1個
- **鯉のぼり**（折り紙で作ったもの）‥‥‥‥‥‥2つ

作り方

折り紙を二つ折りし、鯉のぼりの形に切って、模様を描く（型紙→P.124）。

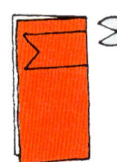

進め方

❶ 【はじめ】鯉のぼりを見せる。

＊はじめのことばかけ＊

鯉のぼりは、みんなを元気にしてくれるんだよ。

❷ 子どもたちの前で、輪ゴムを切る。（あらかじめ、輪ゴムに少し切り目を入れておくと切りやすい）

みんなを元気にする鯉のぼりは……、

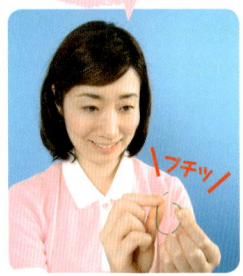

プチッ

❸ 切った輪ゴムを胸の前で少し傾けて持つ。

ここがポイント！
＊ゴムの持ち方＊

手前から見ると…

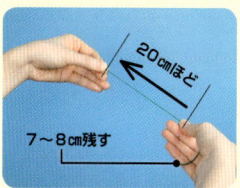

右手で輪ゴムの長さの3分の2辺り（7〜8㎝）のところを持ち、左手で輪ゴムの端を持って20㎝ほど引っ張る。

❹ 子どもに、輪ゴムの右手に近いところ（低いほう）に鯉のぼりを掛けてもらう。

元気いっぱい。

○○くん、下のほうに鯉のぼりを掛けてもらえるかな？

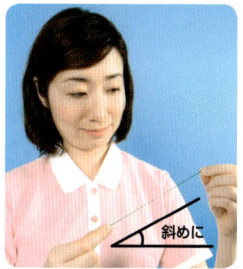

斜めに

ありがとう

第1章 ちょこっとマジック❷ 元気な鯉のぼり

❺ 右手と左手の幅を変えずに、右手の親指とひとさし指を緩めて、ゴムを縮めていく。すると、鯉のぼりが輪ゴムを登り始める。

❻【しめ】ゆっくりとゴムを縮めて、右手の中の輪ゴムがなくなる前に、終わりにする。

＊しめくくりのことばかけ＊

元気に登っていったね！こどもの日が楽しみだね。みんなも元気に遊ぼうね。

アレンジ
● 鯉のぼりの代わりに、折り紙でロープウェイを作って登らせてみましょう（型紙→P.124）。
● カバなど意外なものを登らせると、子どもたちの反応がよく、盛り上がるでしょう（型紙→P.124）。

どうなるかな？見ていてね。

ほら〜！

ちょこっとマジック ❸

不思議なひも

こんなときにおすすめ！ あやとり遊びのときや、ひとりでいる子、元気のない子がいるときに。

指の輪に通ったひもが……

すり抜けちゃった！

用意するもの

- **ひも**（長さ1m程度）‥**1本**

準備

両端を結んで輪にする。

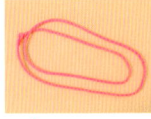

保育のポイント

ひもをポケットに入れておくと、ちょっとしたときにサッと出して始められます。

進め方

❶ 【はじめ】ポケットからひもを取り出して、見せる。

＊はじめのことばかけ＊

ひもで遊んでみようか！

ジャーン

❷ 親指とひとさし指で輪をつくり、子どもに同じようにしてもらう。

指をこうやって輪にしてごらん！

❸ 子どもの指の輪にひもを通して、両手の親指と小指にひもを掛ける。

❹ あやとりの要領で、ひもをすくう。

ここがポイント!
＊ひものすくい方＊

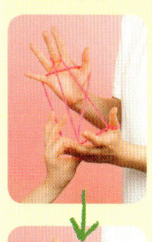
右手の中指で左手のひもをすくう。

左手の中指で、右手のひもをすくう。

第1章 ちょこっとマジック❸ 不思議なひも

ひもを通すよ。しっかりと輪をつくっていてね。

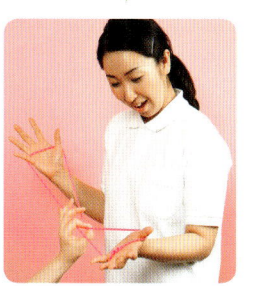

そのまま指を離さないでね！

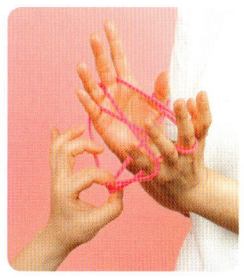

❺ 右手の中指（●）と左手の親指（●）以外の指からひもを外しながら、両手を左右に広げる。ひもをピンと張ると同時に、子どもの指に密着させる。

❻【しめ】ひもをピンと張ったまま、ひもをふっと離す。

＊しめくくりのことばがけ＊

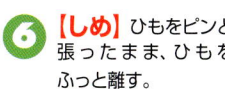
あら不思議！ひもが抜けてしまいました！このひも、すごいね！

こうすると効果的！
❺〜❻をすみやかに行なうようにすると、指の輪からひもがスッときれいに抜けたように見えます。

このひもを、こうするとね……。

スルスルスル……。

アレンジ
● 行事のあいさつのときなどに、ひもをマイクスタンドに引っ掛けて行なうと、子どもたちの注目を集めて盛り上がるでしょう。
● 子どもたちが遊んでいるときに、園庭の金網で行なっても。
● 親子参観のときに、親子でチャレンジしてもらいましょう。

ちょこっとマジック ④

お水が氷に変身

演じる時間 1分

こんなときにおすすめ！ 暑い日、のどが渇いたときなど。

マグカップに水を注ぎます

あら、不思議！氷になっちゃった！

用意するもの

- **ペットボトルの水**（500mℓ以下の小さいサイズ）･････････････････**1本**
- **氷**･･････････････････････**1～2個**
- **マグカップ**･･････････････････**1個**
- **ティッシュペーパー**･･････････**5～6枚**

はじめる前の準備

丸めたティッシュペーパーをマグカップの側面に沿わせるように5～6枚詰め、氷を1～2個入れておく。氷はティッシュペーパーにくっつかないよう、サッとぬらしてから入れるとよい。

試しておこう！

❷で注ぐ水の量はティッシュペーパーがすべてぬれるくらいが目安。多すぎると❺でこぼれてしまうので、あらかじめ、どれくらいの水の量ならうまくできるか、試しておきましょう。

進め方

❶ **【はじめ】** 右手にペットボトル、左手にマグカップを持って登場。マグカップは、持ち手の反対側を持つ。

＊はじめのことばがけ＊

今日は暑いね～。冷たいお水が飲みたいな～。

22

第1章 ちょこっとマジック ❹ お水が氷に変身

❷ ペットボトルの水をマグカップに注いで、ティッシュペーパーに吸収させる。

❸ 水を注いだマグカップに息を吹きかけて……、

❹ マグカップを子どもたちに注目させながら、右手に持ち換える。

でも、このお水、あまり冷えていないみたい……。

もっと冷やしてから飲もう！冷たくな〜れ！

こうするとね、お水がすごく冷えるんだよ。

❺ マグカップの中の氷をコロンと左手に落とす。このとき、子どもたちに中身が見えないよう、マグカップは写真のように傾ける。

❻【しめ】手のひらの氷を、子どもたちに見せ、終える。

＊しめくくりのことばがけ＊

ほら！冷えすぎて、氷になっちゃいました！

本物の氷だよ！これはみんなにあげようね。

子どもの不思議！ 実体験

氷を子どもたちに渡し、実際に触らせてあげましょう。子どもたちが氷の感触や冷たさを感じることによって、マジックの不思議さが増すでしょう。

アレンジ

● 水と氷のかわりに、液体と固体がある果物などでアレンジしてみましょう。
・ オレンジジュース
　→ミカン
・ ブドウジュース
　→ブドウ など

23

ちょこっとマジック ⑤ なかよしクリップさん

こんなときにおすすめ！ ちょっとしたときに。

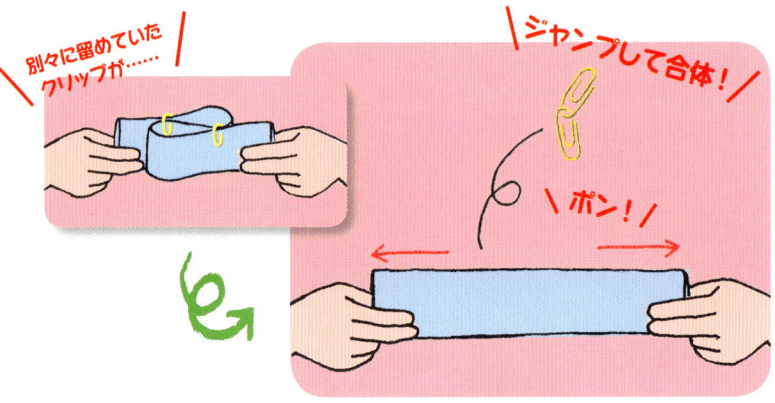

用意するもの

- ゼムクリップ ・・・・・・・・・・・・・・・・・・・・・・・2個
- 色上質紙（コピー用紙でも可）・・・・・・・・1枚

はじめる前の準備

色上質紙をお札くらいの大きさに切っておく。

進め方

1 【はじめ】クリップを両手にひとつずつ持って登場する。

＊はじめのことばがけ＊

あのね、クリップさんたちが**ケンカを**しちゃったんだって。

24

② 右手でクリップをふたつ持ち、左手に紙を持って見せる。

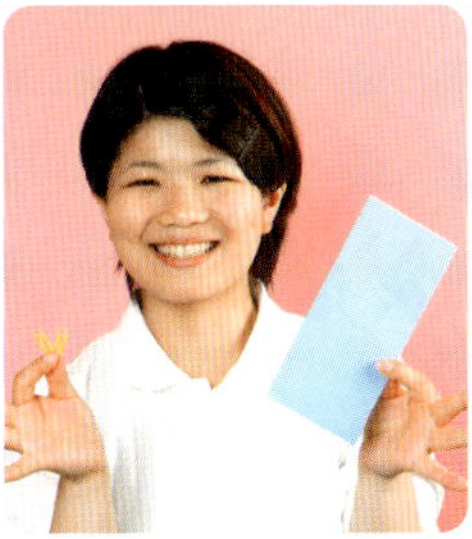

③ 紙を細長く半分に折って、クリップで留める。

ここがポイント!

＊クリップの留め方＊

紙がS字になるように曲げ、写真のようにクリップで2か所を留める。

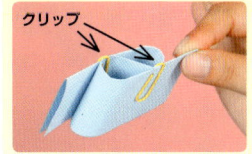

第1章 ちょこっとマジック ❺ なかよしクリップさん

そんなクリップさんたちに、**紙さん**が相談に乗ってくれるよ。

そんなときは勇気を出して……「ごめんね」って言ってごらんって。

④ 子どもたちに呼びかける。

⑤ 胸の前で紙の両端を持つ。

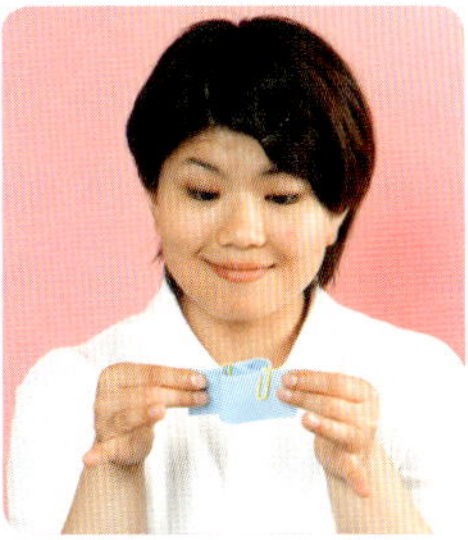

⑥ 子どもたちの「ごめんね」と同時に、すばやく紙を横に引く。

みんなも応援して、いっしょに言ってみようか。

せーの……

ごめんね!

ピョーン

25

飛び上がったクリップを右手でキャッチする。

 【しめ】 くっついた2つのクリップを見せて、終える。

＊しめくくりのことばかけ＊

> ほーら、

> あっという間に **仲直り** できました！

もし失敗してしまったら…

「あれ〜、まだなかなおりできていないみたい。もう一度いっしょにごめんねって言ってくれるかな」「クリップさんたちを応援してあげて！」などと言い、もう一度❸からの動作をやり直しましょう。

アレンジ

- 材料に輪ゴムをプラスし、「輪ゴムさんも相談に乗ってくれるよ」という設定で行なってみましょう。❸で半分に折った紙に輪ゴムを通してからクリップで紙を留め（図1）、両端を引くと、くっついたクリップがさらに輪ゴムにぶらさがります（図2）。クリップが落ちることがないので安心です。

図1  図2

- さらにクリップに絵を描いたタグなどを付けて、ストーリーを膨らませてみましょう。七夕のときに「織り姫と彦星の出会い」という設定にするなど。

ちょこっとマジック ❻

ピョンピョンウサギちゃん

繰り返しOK！ / 子どものお手伝いあり！ / 楽しむ時間 1分

こんなときにおすすめ！ ちょっとしたときに。

親指にいたウサギちゃんが……
ひとさし指にジャンプ！

用意するもの

● **ウサギ**（画用紙で作ったもの）**を付けた輪ゴム** ……………… 1個

作り方

画用紙にウサギを描いて切り（型紙→P.124）、二つ折りにして輪ゴムを挟んではり付ける。

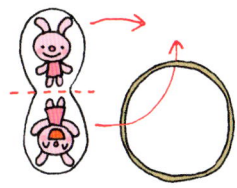

進め方

❶ 【はじめ】ウサギちゃんを持って登場し、輪ゴムを見せる。

＊はじめのことばかけ＊

お友達を紹介します。ジャンプが得意なウサギちゃんです。よろしくね！

第1章 ちょこっとマジック ❺ なかよしクリップさん／❻ ピョンピョンウサギちゃん

27

❷ ウサギちゃんをいろいろなところにジャンプさせる。

「ウサギちゃんは**ジャンプが得意**なんだよ！」

❸ 親指を伸ばし、子どもに輪ゴムを掛けてもらう。

「次は○○ちゃん、ウサギちゃんを**先生の親指に**ジャンプさせてみて！」

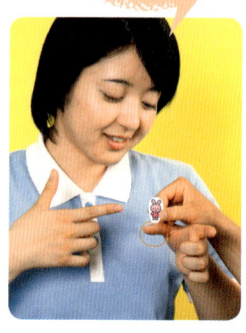

❹ ウサギちゃんが親指にいることを、子どもたちに見せる。

「ありがとう！ウサギちゃんは**親指にジャンプ**したよ。」

❺ ウサギちゃんの宙返りに見たてて、輪ゴムを引っ張りながら、左手のひとさし指を回って、親指に掛ける。

「ウサギちゃんは**宙返りも得意です！**」

ここがポイント！
＊ゴムの巻き方＊

手前から見ると…

前から見ると…

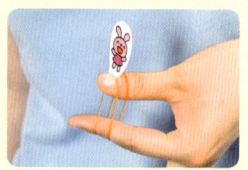

ひとさし指を回るときに、輪ゴムがねじれないようにする。

❻ ウサギちゃんが親指にいることを、子どもたちに見せる。

「ウサギちゃんは**どこにいるかなー？**」

7 子どもに親指をつかんでもらう。

ウサギちゃんは
ジャンプが得意だから、
どんなものも跳び越えちゃうよ。
○○くん、
**ここ（親指）をつかんでいて
もらえるかな。**

8 ウサギちゃんを持って何度かゴムを引っ張って見せたあと、ひとさし指を引き、輪ゴムを外す。すると……、

あれ〜、飛べな〜い
飛べな〜い。
でもね…

ジャンプ！
ジャンプ！

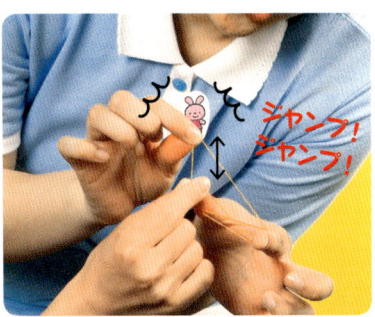

第1章 ちょこっとマジック ❻ ピョンピョンウサギちゃん

9 輪ゴムが親指からひとさし指に移動する。

10 【しめ】ウサギちゃんを持ってみんなに見せる。

＊しめくくりのことばがけ＊

エイッ！

わっ！
ウサギちゃんが
隣の指にジャンプ！
ウサギちゃんすごいね。
拍手！

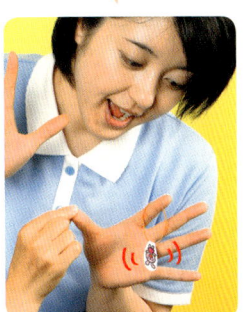

アレンジ

- 違う指でもやってみましょう。
- 親指→ひとさし指→中指→薬指と、連続ワザにするのも楽しいでしょう。
- 梅雨の時期ならカエルさんなど、ウサギちゃんの代わりに違う動物でもやってみましょう。
- 飾りの付いたヘアゴムで行なっても。子どもの髪を整えてあげるときに見せてあげれば、盛り上がるでしょう。

29

ちょこっとマジック 7

タヌキさんと鬼ごっこ

こんなときにおすすめ！ ちょっとしたときに。

タヌキさんが右から……
左へジャンプ！
バッ！

用意するもの

- **タヌキ**（画用紙で作ったもの）**を付けた輪ゴム** ‥‥ 1個

作り方

画用紙にタヌキを描いて切り（型紙→P.124）、二つ折りにして輪ゴムを挟んではり付ける。

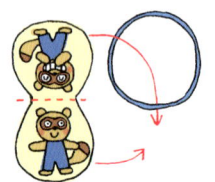

進め方

① 【はじめ】タヌキさんを付けた輪ゴムを見せる。

＊はじめのことばがけ＊

「タヌキさんがやって来ました。」

② 手の甲の側にタヌキさんがくるようにひとさし指と中指に輪ゴムを掛け、タヌキさんを引っ張って子どもたちに見せる。

「今日はみんなで……、」

30

③ 手を回転させて手のひらの側を子どもたちに向け、輪ゴムを引っ張って見せる。

④ 輪ゴムを引っ張ったまま手の向きを戻し（❼）、戻し終わると同時に親指以外の指を曲げて輪ゴムの中に入れる（❹）。

ここがポイント！
＊輪ゴムの掛け方・外し方＊

手前から見ると…

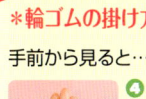
④-❼ 輪ゴムを引っ張りながら、手のひらを自分の側に向ける。

④-❹ 輪ゴムの中に親指以外の指を入れて、手を握り、右手を離す。

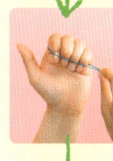
⑤-❼ 手を開くと、タヌキさんが移動します。

第1章 ちょこっとマジック ❼ タヌキさんと鬼ごっこ

「鬼ごっこをしましょう！」

「タヌキさんをつかまえられるかな？」

⑤ 左手の前で右手を振り下ろし、握っていた左手を開く（❼）。

⑥ 今度は②〜⑤のリバース（逆戻り）。②、③と同様に輪ゴムを引っ張って見せ、④と同様に輪ゴムの中に指を入れる。

「エイッ！あっ！うまく逃げちゃった！」

「もう一度挑戦。」

7 ⑤と同様に、握っていた指を開く。

8 もう1本の輪ゴムを指に掛けて②〜⑤を行なう。

ここがポイント！
＊輪ゴムの掛け方＊

手前から見ると…

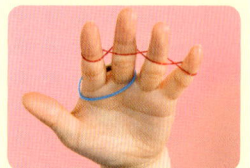

もう1本の輪ゴムをひねりながら、写真のように指に掛ける。

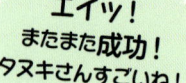

エイッ！
またまた**成功**！
タヌキさんすごいね！

じゃあ、
逃げちゃわないように、
そ〜っと屋根を
かけてみよう。

9 ⑤と同様に、左手の前で右手を振り下ろし、握っていた指を開く。

10 【しめ】⑥、⑦と同様にリバース（逆戻し）をする。

＊しめくくりのことばがけ＊

あっ、
それでもうまく
逃げちゃったよ。

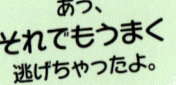

あっちに行ったり
こっちに行ったり、
タヌキさん
すごいね〜！

アレンジ
- ゾウさん、カバさんなど、ほかの動物でも行なってみましょう。瞬間移動が苦手そうな動物でやるとユーモアがあって楽しいでしょう。
- 飾りの付いたヘアゴムでも同様にできます。

ちょこっとマジック ⑧

ストローのダンス

繰り返しOK! 演じる時間1分

こんなときにおすすめ！ ちょっとしたときに。

ストローが不思議なダンスをするよ！

ツッツツーッ

第1章 ちょこっとマジック ❼ タヌキさんと鬼ごっこ／❽ ストローのダンス

用意するもの

- ストロー……1本
- 両面テープ……少量

はじめる前の準備

ストローを写真のように持ってみて、中指が当たる部分に小さく切った両面テープをはり、指に付けておく。

進め方

❶ **【はじめ】** ストローを持って登場する。

＊はじめのことばがけ＊

先生ね、昨日おうちでジュースを飲んでいたときに、**すごいストローを**見つけたんだよ！

33

❷ 胸の前で両手を組み、親指でストローを挟む。

ここがポイント！
＊指の組み方＊
手前から見ると…

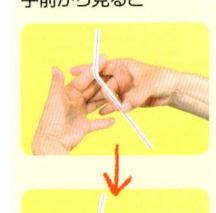
写真のように、ストローを右手で持ったまま、両手の中指を前後に重ねるように両手を組む。

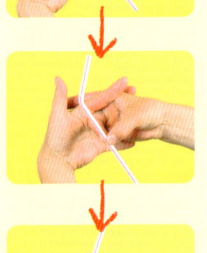
それぞれの指の根本までしっかり組む。

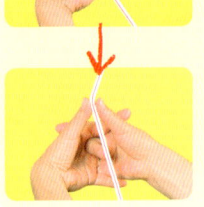
両手の親指でストローを挟む。

みんな、見ていてね！こうやって…

❸ 右手の親指をそっとストローから離す。

❹ 左手の親指もそっとストローから離す。

❺ ストローが空中で浮いているようすを見せる。

親指を離すよ。

こっちの親指も……。みんなも落ちないように**念じてみて！**

浮きました！
おーっ！

❻ 息を吹きかける。

❼ 繰り返し息を吹きかけ、ストローを左右に何度か動かす。

子どもの不思議！ 実体験
子どもに吹いてもらったり、拍手やストローさんを呼んでもらったりすると盛り上がります。

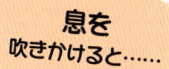
息を吹きかけると……

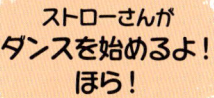
ストローさんがダンスを始めるよ！ほら！

こうすると効果的！
胸を張り、ひじも張って腕をなるべく平行にすると、ストローの動きがよく見えます。

第1章 ちょこっとマジック ❽ ストローのダンス

❽ 手をぐしゃっと握って、ストローが落ちないように持つ。

❾【しめ】組んだ指を外し、ストローを見せて終える。

＊しめくくりのことばがけ＊

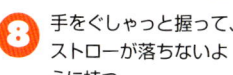
はーい！

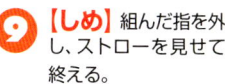
ストローさん、すごいでしょ！

アレンジ
●ストローにフラダンサーの絵を付けると、ダンサーがくるくると踊っているように見えます（型紙→P.124）。

表　　裏

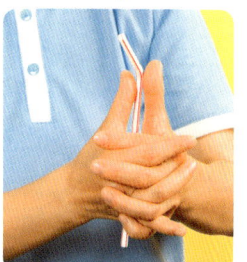

35

ちょこっとマジック ⑨ 瞬間！ ひも通し

こんなときにおすすめ！ ちょっとしたときに。

一瞬にして、小さな輪に ひも を通すよ！

ムムム…

用意するもの

● **ひも**（長さ90cm程度。柔かく、ある程度太さのあるもの）……………**1本**

進め方

1 【はじめ】ひもを見せる。

＊はじめのことばかけ＊

先生ね、まほうつかいにひもをもらったんだ！

2 ひもを親指に掛けて4〜5回巻き、最後に輪をつくる（P.37下段 ⑦〜⑨参照）。

このひもね〜、すごいんだよ！

③ 短い方のひもの端を持って、針穴に糸を通すように輪をねらう。

④ ひもを持った手を斜め前に伸ばす。すると、不思議にひもが輪に通る。

⑤ 輪からひもを抜き、実際に通っていたことを見せる。

第1章 ちょこっとマジック❾ 瞬間！ひも通し

先生、針の穴に糸を通すのはちょっと苦手なんだけど……、

このひもならだいじょうぶ！…ほら！

ねっ！すごいでしょ！

エイッ

ここがポイント！　＊ひもの巻き方・通し方＊

手前から見ると…

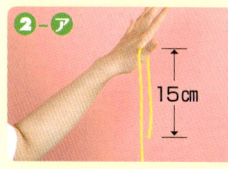

②-ア 15cm
一方の長さが15cmほどになるように、ひもを左手の親指の付け根に掛ける。

②-イ
長くたらしたほうのひもを親指に4〜5回巻き付け、最後にひもを1回ひねって輪を作る。

②-ウ
写真のように輪を作ったあと、親指とひとさし指の間に挟む。

③
15cmほどにたらしたひもの端を持ち、輪をねらう。

④
右斜め前の方向にひもの端を伸ばすと、輪の中にひもが通る。

さらに効果的！
ひもの端で輪をねらうときは、真剣な表情で、ひもの端を伸ばすときは、ユーモラスにわざと目線を外してやってみると楽しいでしょう。

37

❻ ❸〜❺を繰り返し、最後は輪を小さくして緊張感を演出する。

❼ さらに真剣な表情で、ひもの端で輪をねらう。

❽ 右斜め前にひもの端を伸ばす。やはりひもが輪に通り大成功！

> 今度は、もっともっと**輪を小さくして**みるよ。

> いくよー！

> エイッ

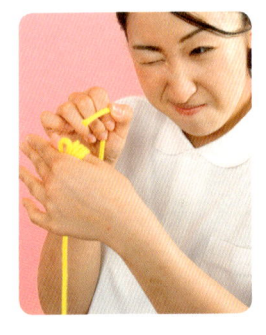

❾ 輪からひもを抜いて見せる。

❿ 【しめ】子どもたちにひもを見せて、しめくくりのポーズ。

＊しめくくりのことばかけ＊

> ねっ、すごいでしょー。

> **まほうつかいのひも**でした！

子どもの不思議！ 実体験

マジックが終わったら、「まほうつかいのひもを触ってごらん！」と、ひもを子どもたちに渡してあげましょう。

アレンジ

●ひもの先に飛行機を付けて、ひもを飛行機雲に見立てみましょう（型紙→P.123）。飛行機が、機体よりも小さな穴を通り抜けます。

ちょこっとマジック ⑩

指にくっつく積み木

こんなときにおすすめ！ 子どもたちが積み木遊びをしているときなどに。

積み木が指に くっついちゃった！

用意するもの

- **積み木**（ひとさし指と親指で挟めるくらいの大きさのもの）……**数個**
- **ハンカチ**（透けないもの）……**1枚**

進め方

①　【はじめ】 積み木とハンカチを持って登場。子どもたちに積み木をひとつ選んでもらう。

＊はじめのことばがけ＊

みんな、よく積み木で遊ぶよね。この中で**元気な積み木は**どれかわかるかな？

第1章 ちょこっとマジック ❾ 瞬間！ひも通し／❿ 指にくっつく積み木

39

② 選んでもらった積み木を右手に持つ。

③ 積み木にハンカチを掛ける。

④ 横向きになって、ひとさし指に積み木を当て、こすって静電気を起こすようなしぐさをする。

> どれどれ、うん！
> **確かにこれは元気そうだね！**

> どれくらい元気なのか、確かめてみましょう！

> え〜っと、こうやって……、
> **パワーを引き出します。**

これ！

⑤ さりげなく正面を向く。

> さぁ、
> **どうなるかな？**

ここがポイント！
＊積み木の支え方＊

④のとき、パワーを引き出すしぐさで、子どもたちにひとさし指の形を印象づける。

⑤で、正面を向いたときに、小指を伸ばして積み木を支える。

⑥ ゆっくり左手を離して、ひとさし指に積み木がくっついているように見せる。

> わっ、
> **すごいパワーでくっついちゃいました！**

40

⑦ 左手で積み木を持ち、横向きに戻りながら同時に小指を元に戻す。

⑧ ひとさし指と積み木の接点をよく見せる。

⑨ ひとさし指を積み木から離す。

ほら、

ねっ！

積み木に指が**くっついちゃい**ましたね。

スポン！

こうすると効果的！

磁石を離すように、「スポン！」と言って指を離すと、まるで本当にくっついていたかのように見えて説得力が増します。

⑩ 【しめ】ハンカチの中から積み木を取り出す。

＊しめくくりのことばがけ＊

とても元気な積み木だったね！

第1章 ちょこっとマジック⑩ 指にくっつく積み木

アレンジ

- 名刺くらいの大きさのカードでも同じようにできます。
- 遠足やお散歩の途中に、小石や木の実を使って行なっても楽しいでしょう。

ちょこっとマジック ⑪
ハンカチの穴が消えちゃった！

こんなときにおすすめ！ ちょっとしたときに。

エイッ

ハンカチにあけた穴が……消えちゃった！

用意するもの

- **ハンカチ** ……… 1枚
- **おまじない棒**
  （作り方→P.13）…… 1本

進め方

❶【はじめ】ハンカチを広げて見せる。

＊はじめのことばがけ＊

ここに、ハンカチがあります。

❷ 指で輪を作る。

よ〜く……、

❸ その上にハンカチをかぶせる。

❹ ハンカチに指を入れ、穴をあける。

ここがポイント！
＊穴のあけ方＊

手前から見ると…

左手の輪の中にひとさし指を入れたら、中指を横から押し当てて、棒を通すための穴をつくる。

横から見ると……

押し当てた中指で作った穴を保ちながら、指を抜く。

見ていてね！

こうやって、**ひとさし指で穴をつくります。**

❺ 中指で作ったもうひとつの穴に棒を差し込む。

ここがポイント！
＊棒の差し込み方＊

中指で作った、もうひとつの穴に棒を差す。

手前から見るとこのようになる。

横から見るとこのようになる。

この穴に、**棒を差します。**

第1章 ちょこっとマジック⓫ ハンカチの穴が消えちゃった！

6 右手をあげ、棒を押し込む準備をする。

7 上から棒をたたき、ハンカチを押し込む。

8 ハンカチを突き抜けた棒を、下から引っぱり出す。

よく見ていてね。

エイッ

パンッ

ハンカチに**穴をあけちゃいました！**

9 おまじないをかける。

10 【しめ】ハンカチを広げ、穴が消えたところを見せる。

＊しめくくりのことばかけ＊

でも……、**おまじないを**かけるとね……、

ほ〜ら！穴をあけちゃっても、すぐに元どおりになるんだよ！

子どもの不思議！実体験

マジックが終わったら、ハンカチとおまじない棒を子どもに渡してあげましょう。

アレンジ

- 棒のかわりに子どもたちが持っているフェルトペンを使ってみましょう。子どもたちにとって、ペンがすてきな宝物になりますよ。
- お散歩のときなどに木の枝で行なってもよいでしょう。この場合、引っ掛かりのない枝を選びます。

ちょこっとマジック⑫

キャンディーの瞬間移動

繰り返しOK!
演じる時間 1分

こんなときにおすすめ！ ちょっとしたときに。

ハンカチの上のキャンディーが……

一瞬にしてポケットに移動！

用意するもの

- キャンディー ･･･ 2個
- ハンカチ（透けないもの） ･･････ 1枚
- 輪ゴム ･･････ 1個
- ポケットのある服

はじめる前の準備

キャンディーを1個、ポケットに入れておく。
写真のように、輪ゴムを右手の中指、薬指、小指の第一関節の辺りに掛けておく。

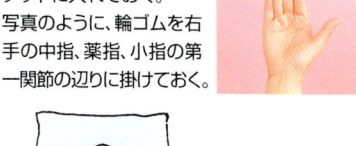

❺では、左の図のようになる。

進め方

❶【はじめ】キャンディーとハンカチを持って登場。ハンカチを持つ手は、輪ゴムが見えないように軽く握っておく。

＊はじめのことばがけ＊

先生、今日は**まほうのキャンディーを**持ってきました！

第1章 ちょこっとマジック ⑪ ハンカチの穴が消えちゃった！／⑫ キャンディーの瞬間移動

45

❷ ハンカチを広げて見せる。このとき、右手に掛けた輪ゴムが見えないように気をつける。

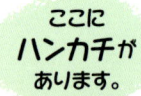

❸ 右手にハンカチを掛ける。

ここがポイント！
ハンカチの掛け方

手前から見ると…

❷では、左手でキャンディーを持ち、右手を軽く握り輪ゴム部分をハンカチの手前に隠す。

❸のとき、ハンカチの中では、親指で輪ゴムを広げ、ひとさし指も入れて、写真のように輪ゴムを広げる。

ここに **ハンカチが** あります。

どんなことができるか見てみようか。

❹ ハンカチの上にキャンディーを置く。

❺ ハンカチの中のキャンディーをハンカチごとゴムで留めるようなイメージで、ハンカチをひっくり返す。

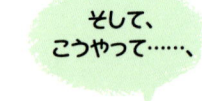

❻ 輪ゴムに気づかれないように、❺のあと、すみやかにハンカチを軽く投げ上げる。

ここに、 **キャンディーを 置きます。**

そして、こうやって……、

エイッ

46

7 ハンカチをキャッチする。

8 もう1個のキャンディーをポケットから取り出す。

> あれ？キャンディーが消えちゃったよ。

> キャンディーはこちらのポケットから……、

ジャーン

9 【しめ】キャンディーを見せ、子どもたちに渡す。右手は、しかけが見えないように、すみやかにハンカチをまとめて終わる。

＊しめくくりのことばがけ＊

> はい、どうぞ！まほうのキャンディーだよ。

子どもの不思議！ 実体験

マジックが終わったら、右手のキャンディーと輪ゴムを子どもに見えないところに隠したあと、ハンカチとキャンディーを子どもに渡してあげましょう。

アレンジ

- 遠足やお散歩のときに、小さめのマツボックリやクリ、小石などで行なってもよいでしょう。
- 室内であれば、おもちゃやスーパーボール、消しゴムなどの身近なものでも楽しめます。

第1章 ちょこっとマジック⑫ キャンディーの瞬間移動

ちょこっとマジック ⑬

なかよし4人組

だましなし あり!
かかる時間 2分

こんなときにおすすめ！ ちょっとしたときに。

めくるとエースが勢ぞろい！

カードを配って

用意するもの

● **トランプ** ‥‥‥‥ 1組

はじめる前の準備

エース4枚を、端（上の方）にそろえておく。

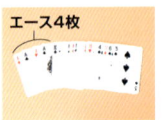

エース4枚

進め方

① 【はじめ】トランプを持って登場する。

＊はじめのことばかけ＊

今日はトランプでマジックをしましょう！

② トランプを見せる。

このトランプ、よく混ざってますね。

48

❸ 裏向きで1枚ずつテーブルに置いていく。

> 1枚ずつ
> テーブルに置いて
> いくので……

❹ 「ストップ」の合図を出してもらい、止める。

> 好きなところで
> 「ストップ」って
> 言ってね。

ストップ

❺ 手に持っているカードを横に置き、テーブルに置いたほうのカードを、全部持つ。

> では、こちらの
> カードを
> 使います。

第1章 ちょこっとマジック⓭ なかよし4人組

❻ トランプのマークについて尋ねる。

> ところで、みんなは
> トランプのマークが
> 何種類あるか
> 知っているかな?

4種類

❼ 左側から1枚ずつ4枚のカードを置き、また左側から順に重ねていき、なくなるまで続ける。

> そうだね! では、
> マークの数に合わせて
> 分けてみましょう。

49

❽ おまじないをかける。

❾ 1枚ずつカードをめくっていく。

> おまじないを
> かけましょう。

ちちんぷいぷい
エイッ！

> すると……

❿ 【しめ】エースがそろっているのを示す。

＊しめくくりのことばがけ＊

> ほら！ エースが
> 4枚そろいました。
> なかよし4人組だね！

こうすると効果的！

テンポよくスムーズに進めると不思議さが倍増します。滑らかにしぜんにできるように、練習しておきましょう。

アレンジ

- いろいろな花や動物を描いたカードを作って、4種類の仲間がそろうようにしても楽しいでしょう。

ちょこっとマジック 14

力持ちのクマさん

繰り返しOK！ 演じる時間 1分

こんなときにおすすめ！ ちょっとしたときに。

1枚のカードの上にマグカップが乗っちゃうよ！

用意するもの

- **マグカップ** 1個
- **クマのカード**（厚紙で作ったもの）...... 1枚

作り方

8×11cmの厚紙を2枚用意する。1枚には、クマの絵を描く（型紙→P.125）。もう1枚には、縦半分のところに、紙が切れない程度に切り込みを入れて折れやすくする。

2枚の厚紙を図のようにはり合わせ、フラップ（しかけ）を作る。

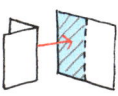

※フラップとは、紙などの一辺を固定して、回転するようにしたもの。

進め方

❶【はじめ】 右手でフラップ（しかけ）を閉じたカードを持ち、左手でマグカップを持って登場する。

＊はじめのことばがけ＊

力持ちのクマさんで〜す。クマさん、マグカップを持ってみようか。

第1章 ちょこっとマジック ⓭ なかよし4人組／⓮ 力持ちのクマさん

❷ カードの上にマグカップを置く。

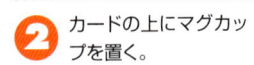

❸ 子どもたちの反応を少し待って……、

こうすると効果的！
最初に、不思議ではないことをユーモアたっぷりに演じると、笑いが起きたり、場が和んだりして、子どもたちをリラックスさせることができるでしょう。

さぁ、クマさん、**持てるかな～。**

あれあれ、これなら**だれでもできるよね。**

❹ 今度は真剣な表情で、カードの上にマグカップを乗せる。

今度はもっと真剣にやるよ。

ここがポイント！
マグカップの乗せ方

手前から見ると……

左手でマグカップを持ってカードの上に置きながら、中指とくすり指でカードを支える。

↓

自由になった右手で、フラップを開く。

↓

フラップを広げて、マグカップを持ちながらバランスを取る。

52

5 カードの上にマグカップが乗ったところを見せる。

6 さりげなくマグカップを持ち、フラップを閉じる。

> ほ〜ら、
> クマさん力持ち！！

> お疲れさま〜。
> みんな拍手。

ここがポイント！
＊マグカップの外し方＊

横から見ると……

左手でマグカップを持ち、右手をカードに添える。

マグカップを持ち上げると同時に、フラップをパタンと閉じながらカードを持つ。

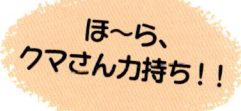

7 フラップを閉じたカードとマグカップを写真のように見せる。

8【しめ】カードのしかけが子どもたちにわからないように、カードの上にマグカップを置いて終わる。

> 力持ちの
> クマさん
> でした！

＊しめくくりのことばがけ＊

> また力じまんを
> 見せてもらおうね！

アレンジ

- トランプ2枚をはり合わせて行なってもよいでしょう。トランプを使うとしっかりしてよいです。
- 金太郎、鏡もちのおもちとミカンなど、カードの絵と、その上に乗せるものの組み合わせを考えて、いろいろなパターンで行なってみましょう。

第1章 ちょこっとマジック ⓮ 力持ちのクマさん

ちょこっとマジック ⑮

脱出！ レモンさん

繰り返しOK! / おまじないあり! / 演じる時間1分

こんなときにおすすめ！ ちょっとしたときに。

> コップに入れたレモンが……

> 底を通り抜けて出てくるよ！

用意するもの

- **レモン**　　　　　1個
- **コップ**（口回りと底が同じ大きさの、平行なコップ。お菓子の缶などでも可）
　　　　　　　　　　1個
- **ハンカチ**（透けないもの）
　　　　　　　　　　1枚
- **輪ゴム**　　　　　1個

進め方

① 【はじめ】 右手にレモン、左手にコップを持って登場。

＊はじめのことばかけ＊
> 今日は**すごいレモンを**持ってきました！

② コップの中にレモンを入れる。

> このレモンをコップに入れます。

③ コップの底を軽くたたいて、レモンがコップの中にあることを見せる。

ほら、ちゃんと入っているでしょ！

\コン/
\コン/

④ コップにハンカチを掛ける。

これにハンカチを掛けます。

⑤ 輪ゴムを用意し……、

⑥ ハンカチの上からコップに輪ゴムを掛けます。

その上から輪ゴムで留めて、フタをします。

レモンさんが閉じ込められちゃったね！

\パチン/

ここがポイント！
ハンカチの掛け方

ハンカチをかぶせながら、レモンが落ちないようにコップを逆さまにします。
手前から見ると…

コップの真ん中辺りをしっかり持つ。

↓

手首のスナップを利かせながら、親指とひとさし指を支点にほかの指でコップを回転させていく。

↓

コップがほぼ逆さまになったら、レモンが落ちないよう、口を押さえる。

↓

コップが逆さまになった状態。

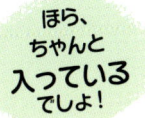

第1章 ちょこっとマジック⑮ 脱出！ レモンさん

7 おまじないをかける。

8 コップの口を押さえていた左手を緩め、レモンを落とす。

9 レモンを子どもたちに見せる。

でも、**おまじないをかけると……、**

わっ、レモンが**出てきました！**底を通り抜けてきたのかな？

レモンさん、**脱出成功だね！**

ここがポイント！
＊ハンカチのめくり方＊
手前から見ると…

コップを右手で持ち、ハンカチを左手に持ち替え、右手のコップを回転させていく。

スナップを利かせて回転させていくのがコツ。

コップが元に戻った状態でハンカチをめくる。

10 【しめ】輪ゴムを外し、ハンカチをめくって、コップの底に穴があいていないことを見せる。

＊しめくくりのことばがけ＊

コップの底はそのままです。**大成功！**

子どもの不思議！実体験

マジックが終わったら、レモンやコップを子どもに渡してあげましょう。不思議さが増します。

アレンジ
●レモンの代わりにオレンジやミカンで行なったり、ボールなど保育室にあるいろいろな形のものを使ってもよいでしょう。

ちょこっとマジック ⑯

ティッシュペーパーが元どおり

こんなときにおすすめ！ ちょっとしたときに。

ティッシュペーパーを破って……
丸めて……
広げると元どおり！

用意するもの

- 箱入りのティッシュペーパー……… 1箱
- 両面テープ …… 少量

はじめる前の準備

ティッシュペーパー1枚を丸め、その紙玉を別の1枚で包む（図1）。

図1　図2

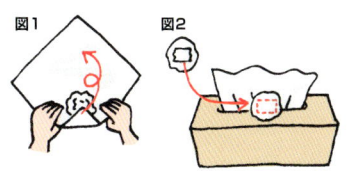

紙玉に両面テープを付け、図2のように、箱から出ているティッシュペーパーの手前側にはり付けておく。

進め方

① 【はじめ】しかけの紙玉を隠したティッシュペーパーの箱を持って登場。

＊はじめのことばがけ＊

これから、先生は破った紙を元に戻すマジックに挑戦します。みんな、応援してくれるかな？

第1章 ちょこっとマジック ⑮ 脱出！ レモンさん／⑯ ティッシュペーパーが元どおり

57

❷ 隠してある紙玉ごと、ティッシュペーパーを1枚取り出す。

❸ しかけの紙玉が子どもたちに見えないように、ティッシュペーパーを裂いていく。

ここがポイント！
＊ティッシュペーパーの取り方と裂き方＊

手前から見ると…

❷でティッシュペーパーを引き出すときに、親指で紙玉を押さえ、いっしょに持つ。

❸でティッシュペーパーを裂くときには、後ろに隠し持っておく。

まずは、1枚のティッシュペーパーを……、

ビリビリ破くよ。

❹ 破いたティッシュペーパーを丸めていく。

ここがポイント！
＊ティッシュペーパーの丸め方＊

手前から見ると…

破いたティッシュペーパーを子どもたち側に折って丸めていく。

しかけの紙玉

破いたティッシュペーパーを丸め終わったら、さりげなく前後を入れ替え、しかけの紙玉が子どもたち側になるようにする。

❺ おまじないをかける。

これを丸めて……、

おまじないをかけます。

ムムム…

❻ しかけの紙玉を広げ、わざと中に入っていた紙玉を落とし、失敗したふりをする。

元に戻れ〜、**エイッ！**

ポロッ

❼ 落とした紙玉を見て、視線を集中させながら、広げたティッシュペーパーと破いたティッシュペーパーをさりげなくいっしょに丸めて、ポケットにしまう。

あれあれ……。

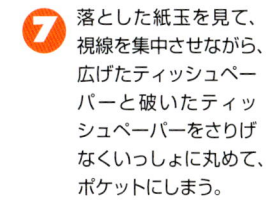

あっ！おちたよ！

❽ 落とした紙玉を拾う。

落としちゃった。今のはなかったことにしてね。

❾ 拾った紙玉におまじないをかける。

でもね、こっちにも**おまじないをかけると……、**

エイ！

❿【しめ】紙玉を広げて、見せる。

しめくくりのことばがけ
こっちも元に戻りました！

ジャ、ジャーン！

子どもの不思議！実体験

マジックが終わったら、元に戻ったティッシュペーパーを子どもに渡してあげましょう。

アレンジ

- 誕生会には、しかけの中に入れる紙玉に、フェルトペンなどで「おたんじょうびおめでとう！」と書くと、最後にこのメッセージが出てきて、誕生会が盛り上がるでしょう。
- いろいろな場面でさまざまなメッセージを考えてみるとよいでしょう。

第1章 ちょこっとマジック ❻ ティッシュペーパーが元どおり

ちょこっとマジック ❶⓻

ふたりの力持ちさん

繰り返しOK!　演じる時間 1分

こんなときにおすすめ！　ちょっとしたときに。

\さすが力持ちさん！/　\ひとりでワニをヒョイッと、持ち上げちゃうよ！/

用意するもの

- **ワニ**（折り紙に絵を描いたもの）・・・・・・・・**1枚**
- **力持ちさん**（トイレットペーパーの芯に絵をはり付けたもの）・・・・・・・・・・・・・・・・・・・・・・**2個**
- **5円玉**・・・・・・・・**1枚**

作り方

〈ワニ〉折り紙を横長に2回折り、その1面にワニの絵を描く（型紙→P.125）。
〈力持ちさん〉トイレットペーパーの芯に、力持ちさんの絵を巻き付ける（型紙→P.125）。

はじめる前の準備

右手で折り紙を持ち、子どもたちに見えないように折り紙と重ねて5円玉を隠し持っておく。

進め方

❶　**【はじめ】**力持ちさんふたりとワニを見せる。

＊はじめのことばかけ＊

力持ちさんふたりとワニがやってきました。

60

❷ 力持ちさんふたりをテーブルの上に並べ、折り紙のワニを乗せる。

❸ 折り紙といっしょに子どもたちに見えないように5円玉を置く。

ここがポイント！

＊5円玉の置き方＊

手前から見ると…

5円玉

折り紙といっしょにおもしになる5円玉を持ちながら、右手の力持ちさんの上になるように置く。

力持ちさんがワニを持ち上げるよ！

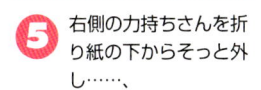

ほら、持ち上がりました！

第1章 ちょこっとマジック ⓱ ふたりの力持ちさん

❹ 子どもたちの反応を待つ。

❺ 右側の力持ちさんを折り紙の下からそっと外し……、

❻ 折り紙の下をくぐらせて、何もしかけがないことを見せる。

力持ちさん、すごいでしょー！

あれあれ？そんなにすごくない？では、ひとりでもどれだけ力持ちか、お見せしましょう。

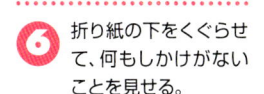

じゃ～ん！力持ちさん、すごいでしょ！

えーっ？

そ〜っと

61

7 外した力持ちさんをそっと戻す。

8 ワニの折り紙を持ち上げながら、5円玉を右手に隠し持つ。

ここがポイント！
＊5円玉の隠し方＊

手前から見ると…

折り紙を持ち上げながら少し斜めに傾け、右手の中に5円玉を滑り落とす。

力持ちさん、がんばったね。

そ〜っと

ワニさんもよくがんばりました！

9 【しめ】力持ちさんふたりとワニをそれぞれの手で持って、しめくくりのポーズを取る。

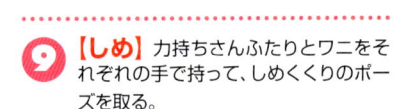

＊しめくくりのことばかけ＊

すごかったね！今度はもっと大きいのを持ち上げてみようね！

子どもの不思議！ 実体験

手品が終わったら、5円玉以外はいつでも子どもたちが触れるように保育室に置いておきましょう。子どもたちが試すが、できないことに、より不思議さが増すでしょう。

アレンジ

● 折り紙のワニの代わりに、もっと大きめの色画用紙にクジラの絵などを描いて試してみましょう。大きめの色画用紙を使う場合は、端から少し内側にトイレットペーパーの芯を置くようにすると、1本外したときにバランスが取りやすくなります。

→ 少し内側に ←

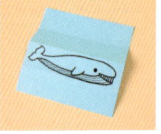

第2章

行事などに！

じっくり
マジック

お誕生会や発表会、季節ごとの園行事に、マジックを
取り入れてみましょう。ステージなどで、本格的なマジックに
挑戦してみるのもおすすめです。とはいえ、ここで紹介するマジックは、
決して難しいものではありません。
少し準備や練習をしておくだけで、子どもたちをあっと驚かせ、
その場の雰囲気を、楽しく盛り上げることができるでしょう！

じっくりマジック ①

不思議な紙袋

おまじないあり！
演じる時間 1分

こんなときにおすすめ！ 誕生会のときに。

紙袋に材料を入れると……、

プレゼントができ上がって出てくるよ！

用意するもの

- **紙袋** ……………… 1袋
- **ラッピング用の透明な袋**
  ……………… 2枚
- **リボン**（長さ15cm程度）
  ……………… 2本
- **キャンディー** …… 数個
- **しきり**（厚紙で作ったもの）
  ……………… 1枚

作り方

〈しきり〉紙袋の大きさに合わせて厚紙を切り、底になる部分を折って、図のようにはり合わせる。

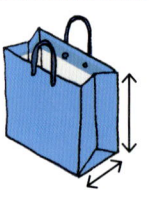

紙袋よりやや短め

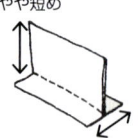

紙袋のマチよりもやや短め

はじめる前の準備

紙袋の中にしきりを入れ底にはる。しきりの演者側には、キャンディー、ラッピング用の袋、リボンをそのまま入れ、子どもたち側にはラッピングしてリボンを結んだキャンディーを入れておく。

演者側
子どもたち側

進め方

① 【はじめ】材料を入れた紙袋を持って登場。

＊はじめのことばがけ＊

> 先生ね、今月がお誕生日のお友達のために、**プレゼントを用意しようと**思ったんだけど……。

② 紙袋の中から、キャンディー、ラッピング用の袋、リボンを取り出して見せる。

> でも、きれいに包む時間がなくて……。

③ 材料を袋の中に戻す。

> こんなときはね！

第2章 じっくりマジック **①** 不思議な紙袋

ここがポイント！

＊しきりの使い方＊

袋の中は…

②では、しきりを図のように倒して材料を取り出し、戻す。

③で材料を紙袋に戻したあとは、しきりを反対側に倒しておく。そうすることで**⑥**でラッピングしたキャンディーが出る。

65

④ おまじないをかける。

⑤ 倒したしきりといっしょに紙袋の縁を持つ。

⑥ 紙袋を逆さまにして、ラッピングしたキャンディーを出す。

> おまじないをかけます。

> さあ、どうなるのかな〜。

> ほら！あっという間に……、

エイッ

⑦【しめ】ラッピングしたキャンディーを見せて、終える。

しめくくりのことばがけ

> プレゼントのでき上がり。今月がお誕生日のみんな、おめでとう！みんなでなかよく食べてね。

こうすると効果的！

紙袋を逆さまにすることで、中を見せなくてもほかに何も入っていないと感じさせることができます。スムーズに行なえるように、練習しておきましょう。

アレンジ

紙袋に材料を入れると完成するものをいろいろ考えて、アレンジしてみましょう。
- 毛糸を入れると、毛糸のマフラーや手袋に。マフラーや手袋に合わせて、似た色の毛糸を探してみましょう。
- 折りかけの折り紙を入れると、完成した折り紙に。……などなど

じっくりマジック ②

画用紙の中からおめでとう！

おまじないあり！
演じる時間 2分

こんなときにおすすめ！　誕生会のときに。

画用紙の中から……

首飾りや

紙吹雪が出てくるよ！

第2章 じっくりマジック ❶ 不思議な紙袋／❷ 画用紙の中からおめでとう！

用意するもの

- **四つ切り色画用紙**（誕生月の子どもの似顔絵などを描く）‥‥‥‥‥‥‥‥**1枚**
- **ラップの芯などの筒** ‥**1個**
- **キラキラモールの首飾り**
  ‥誕生月の子どもの人数分
- **紙吹雪**（キラキラテープや折り紙などを小さく切る）
  ‥‥‥‥‥‥‥‥‥‥**適量**

作り方

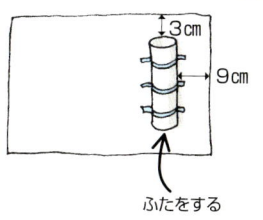

3㎝
9㎝
↑ふたをする

メッセージや絵を描いた色画用紙の裏面に、図のように、底になるほうにふたをした筒をセロハンテープではり付ける。

はじめる前の準備

筒の中に、紙吹雪、キラキラモールの首飾りの順に詰め込んでおく。

67

進め方

①【はじめ】 色画用紙の絵を見せる。誕生月の子どもたちに前に出てきてもらう。

＊はじめのことばがけ＊

> 今月は、ありさちゃん、けんごくん、ふみかちゃんのお誕生日ですね。

> みんなでお祝いの歌をうたいましょう！

② 裏面にはった筒が見えないように、また、筒の口が下を向かないように気をつけながら色画用紙を丸める。

> お誕生日のお友達の絵で、もうひとつお祝いをしようかな。

③ 色画用紙を丸め終わったらおまじないをかける。

> おまじないをかけましょう！ハッピー、ハッピー、バースデー！

④ 筒の中からモールを少し引き出す。

> あれあれ、何か出てきたよ。

⑤ モールを1本、取り出して見せる。

⑥ 取り出したモールを、誕生月の子どもに掛けてあげる。③〜⑥を人数分、繰り返す。

> ジャーン！
> お誕生日のお祝いの首飾りです！

> これは、ありさちゃんに！
> お誕生日、おめでとう！

子どもの不思議！ 実体験

不思議な筒から出てきた首飾りをかけてもらうことで、不思議さや特別な思いが増すでしょう。

⑦【しめ】最後に筒を振り、紙吹雪を舞い上げる。

＊しめくくりのことばがけ＊

> みんな、みんな、お誕生日おめでとう！

子どもの不思議！ 実体験

マジックが終わったら、裏面の筒を外して、保育室に絵をはり、いつでも見られるようにしましょう。いろいろなものが出てきた絵に、子どもたちの好奇心も膨らみます。

アレンジ

筒の中から出てくるものを変えてみましょう。
- クリスマスツリーの絵の画用紙の中から、キラキラモールやオーナメントが出てくる。
- こどもの日に、鯉のぼりや五月人形の絵の画用紙の中から、折り紙で折ったかぶとや鯉のぼりが出てくる。

第2章 じっくりマジック② 画用紙の中からおめでとう！

69

じっくりマジック ❸

ジャンプが得意なマグカップ

繰り返しOK! / 演じる時間 1分

こんなときにおすすめ！ 出し物として。

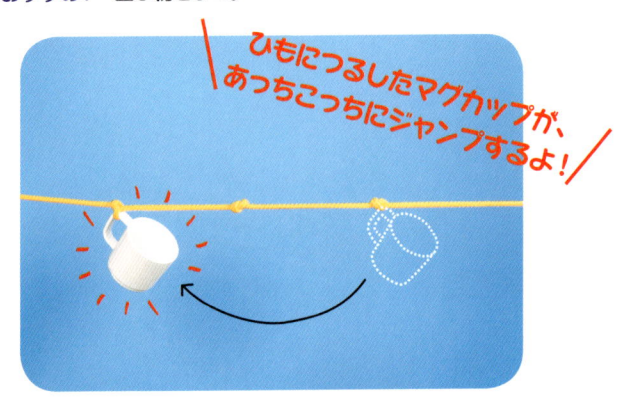

ひもにつるしたマグカップが、あっちこっちにジャンプするよ！

用意するもの

- **ひも**（長さ1m程度）
 ・・・・・・・・・・・・・・**1本**
- **マグカップ**・・・・・・・**1個**

はじめる前の準備

ひもに15cm間隔で4つの結び目を作り、そのうちの左から3つめにマグカップの持ち手を結び付けておく。登場する前に、右手でいちばん右の結び目を隠し持ち、左手は左端の結び目より15cm左側を持っておく。

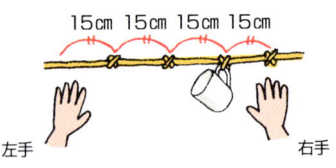

15cm　15cm　15cm　15cm

左手　　　　　　　　　　右手

進め方

❶ 【はじめ】 マグカップをつるしたひもを持って登場。

＊はじめのことばがけ＊

このカップさんはね、**ジャンプが**得意なんです！

カップさんはしっかりひもでくくられているでしょでも…

70

❷ 一回転しながら、後ろを向いたときにひもを持ち替える。

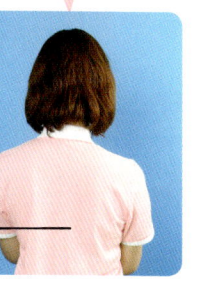

❸ 前を向き、カップが移動しているところを見せる。

ここがポイント!
＊ひもの持ち替え方＊

手前から見ると…

❷の最初では、ひもを図のように持っている状態。

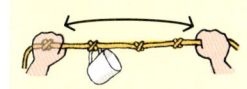

❷で後ろを向いたときに、両手を合わせて左右のひもを持ち替える。❸で前を向くと、子どもたちにはカップがジャンプして移動したように見える。

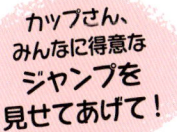

> カップさん、みんなに得意な **ジャンプを見せてあげて！**

> はい！

❹ もう一度、一回転しながら、後ろを向いたときに❷❸と同じ要領でひもを反対に持ち替える。

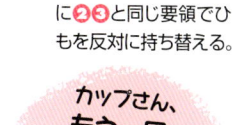

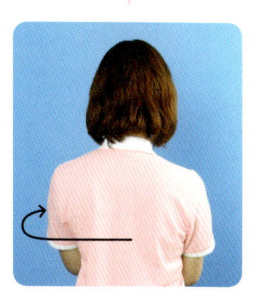

❺ 前を向き、カップが移動しているところを見せる。

> カップさん、**もう一回、ジャンプしてみようか。**

> ほら、じょうずでしょう？

ここがポイント!
＊ひもの反対の持ち替え方＊

手前から見ると…

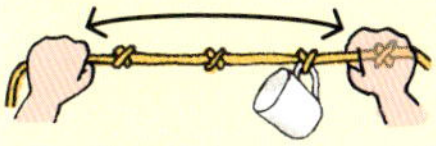

❹で後ろを向いたときに、再び両手を合わせて左右のひもを持ち替える。すると、今度は、カップが元の位置にジャンプしたように見える（❺）。

こうすると効果的!
この辺りで、子どもたちから「ひもを持ち替えているだけじゃないの〜？」と気づかれ、ざわざわしだしますが、それでOK！　最初は簡単なものに見せることで、このあとのマジックが引き立ちます。

第2章　じっくりマジック ❸ ジャンプが得意なマグカップ

6 ❷〜❺を何度か繰り返し、最初の状態にする。

端っこに行ったり来たりだね。最後は、真ん中への難しいジャンプに挑戦します。できるかな？

7 一回転しながら、後ろを向いたときに、右の「ここがポイント」のようにひもをずらして持ち替える。

みんなも応援してね！

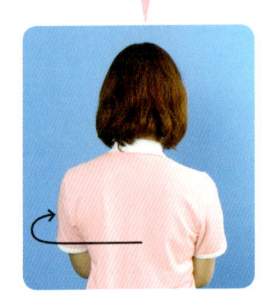

ここがポイント！

＊ひものずらし方＊

手前から見ると…

❼で後ろを向いたときに、左手でひもを引いて右手の中にあった結び目を引き出す。

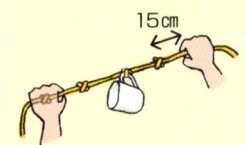

15cm

前を向く前に、左手で結び目を隠し持ち、右手で右端の結び目より15cm右側を持っている状態にすると、子どもたちにはカップが真ん中にジャンプしたように見える（❽）。

8 【しめ】前を向き、カップが真ん中に移動しているところを見せて、演技を終える。

＊しめくくりのことばがけ＊

ほら！真ん中だよ！すごいでしょ！

アレンジ

- 結び目が目だつように、結び目に色を付けておくのもよいですね。
- つるすものを変えてみましょう。ステージで演じるときは、小さめのカラーバケツを使うと見栄えがするでしょう。
- マグカップにカエルやバッタの絵をはり付けて、ストーリーを付けるのもよいでしょう。

じっくりマジック ❹

ロープをすり抜けるリング

繰り返しOK! / 子どものお手伝いあり! / 演じる時間 1分

こんなときにおすすめ! 出し物として。

ひもに通したリングが……

スルッと抜けちゃうよ

用意するもの

- **リング**（タオルハンガーのリングや、セロハンテープの芯 など）… 1個
- **ひも**（長さ150cm程度）……… 1本
- **大きめのハンカチ** ………… 1枚

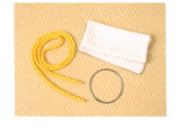

進め方

❶【はじめ】 リングとひもを見せる。

＊はじめのことばかけ＊

今日は、このリングとひもを使ってマジックをします!

第2章 じっくりマジック ❸ ジャンプが得意なマグカップ／❹ ロープをすり抜けるリング

73

② リングにひもを通し、ぐるぐると巻く。

ここがポイント！

＊ひもの巻き方＊

正面から見ると…

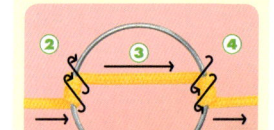

矢印の順に、リングにひもを巻く。
① 内側にひもを通す。
② 2回巻き付ける。
③ 反対側へ渡す。
④ 下へ2回巻き付ける。
⑤ 外側に出す。

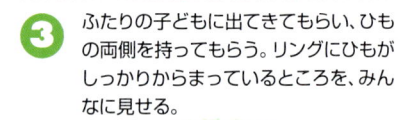

リングに
ひもを
巻き付けます。

③ ふたりの子どもに出てきてもらい、ひもの両側を持ってもらう。リングにひもがしっかりからまっているところを、みんなに見せる。

では、○○くんと△△ちゃん、
ふたりでこのひも持って
もらえるかな？
ぴんとひもを引っ張ってね！

④ リングにハンカチをかぶせて隠す。

リングに
ハンカチを
かぶせます。

5 ハンカチの中で、リングにからめたひもを外す。

6 リングを取り出してみせる。

さあ、どうなるのかな？

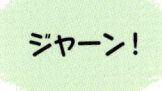

ジャーン！

ここがポイント！

＊リングの外し方＊

ハンカチの中で矢印のようにひもを引けば、リングは簡単に外れます。

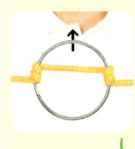

リングの真ん中に張られたひもを上にあげて外す。

もう1度、上にあげて外す。

そのまま引っ張れば、するするとひもが外れる。

第2章 じっくりマジック❹ ロープをすり抜けるリング

7【しめ】ハンカチを外し、リングとひもにしかけがないことを見せる。

＊しめくくりのことばがけ＊

リングがひもからすり抜けました！大成功！

アレンジ

● リングにひもを巻くときに、アレンジしてみましょう。何回も巻いたり、巻いたところをこぶのようにしたりすると難しそうに見えますが、同じしくみで、簡単にリングを外すこともできます。

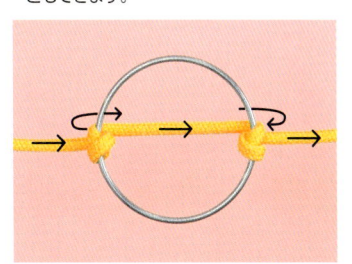

● フラフープと太めのひも、大きな布で行なえば、大きく演じることもできます。

じっくりマジック ⑤

どんどん当たるカード

こんなときにおすすめ！ 出し物として。

めくったカードを
どんどん当てていくよ！

用意するもの

- **トランプ** ‥‥‥‥‥ **1組**

進め方

❶ 【はじめ】カードを持って登場する。

＊はじめのことばがけ＊

今日は、カードを使ったマジックをします。

❷ 子どもにカードを渡し、よく混ぜてもらう。

○○ちゃん、カードをよく混ぜてもらえるかな？

76

❸ カードを戻してもらったら、手を背中に回し、後ろで上から4〜5枚を表に返す。

❹ 手を前に戻しカードを見せる。

❺ 再び、手を背中に回し、カードを1枚めくる。

第2章 じっくりマジック ❺ どんどん当たるカード

はい。
ありがとう！
これから先生が、
こうやって……、

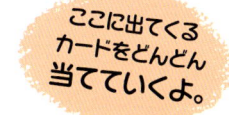

ここに出てくる
カードをどんどん
当てていくよ。

では
始めましょう。

ここがポイント！

＊カードの返し方＊
❸の背中の後ろでは……

❸でカードを4〜5枚表に返すときは、写真のように4〜5枚持ってひっくり返す。

↓

トランプを右手で持ち、そのまま前に出す。

ここがポイント！

＊カードの見方＊
❹を手前から見ると……

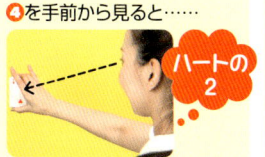

ハートの2

❸でひっくり返したカードが見えているので、これをチラッと見て覚えておく。

演者側に見えているカードを見るとき、子どもたちの目線と自分の目線のライン上にカードがくるようにすると、語りかけているように見えて、しかけに気づかれにくいでしょう。

ここがポイント！

＊カードのめくり方＊
❺の背中の後ろでは……
カードを1枚、左手の親指を使って滑らせるようにして、カードのいちばん下に持っていく。

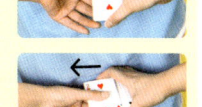

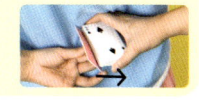

77

❻ 先ほど見て覚えたカードを言い当てる。

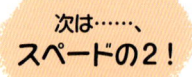

❼ ❺、❻を繰り返し……、

❽ どんどん当てていく。

「ハートの2！」

「次は……、スペードの2！」

「ダイヤの5！」

＼お〜っ!!／　＼すごい！／　＼どうして〜／

こうすると効果的！
カードを言い当てるときは、わざとユーモアたっぷりに、ポケットや足の裏など関係のないところを見ながら行なうと楽しくなるでしょう。

❾【しめ】最初に表に返したカードがなくなり演者側にカードの裏が見えたら終わりにする。

＊しめくくりのことばがけ＊

「これでおしまい！みんな、どうもありがとう！」

子どもの不思議！ 実体験
マジックが終わったら、子どもたちにカードを渡し、特にしかけがないことを見せてあげましょう。タネもしかけもないただのカードに子どもたちの好奇心はさらに膨らみます。

アレンジ
● 卒園式のときに、メッセージカードに子どもたちの名前とメッセージを書き、どんどん当てながら渡していけば、子どもたちの一生の思い出になるでしょう。
● そのほかに、お花のカード、色のカードなど。

じっくりマジック ❻

変身するヤギさん

おまじない あり!
楽しる時間 2分

こんなときにおすすめ！　出し物として。

カードに描かれた
ヤギさんが……

ぬいぐるみに
なっちゃった！

用意するもの

- ぬいぐるみ ……… 1体
- ぬいぐるみと同じ絵のカード（画用紙で作ったもの） ……… 1個
- ミニステージ（お菓子の空き箱や色画用紙、厚紙で作ったもの） ……… 1台
- ダブルクリップ ……… 1個
- ひも（布の幅よりもやや長め） ……… 1本
- 布（ステージ全体が隠れるくらいの大きさ） ……… 1枚

作り方

〈絵カード〉画用紙にぬいぐるみと同じキャラクターの絵を描き（掲載のヤギの型紙→P.126）、図のように折って底をはり合わせ、立体にする。

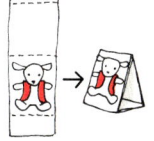

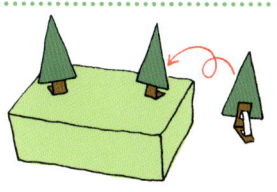

〈ミニステージ〉厚紙に色画用紙をはり、木を2本作る。裏から厚紙で支えを作り、立つようにする。お菓子の空き箱に色画用紙をはってミニステージを作り、ステージの左右に、木をはり付ける。

はじめる前の準備

ぬいぐるみの頭にダブルクリップを留め、ひもを通しておく。
クリップとひもを付けたぬいぐるみと布は、あらかじめ、演じるテーブルの下などに取り出しやすいように隠しておく。

第2章　じっくりマジック ❺ どんどん当たるカード／❻ 変身するヤギさん

進め方

1 【はじめ】ミニステージをテーブルに置き、カードのヤギさんを見せる。

＊はじめのことばがけ＊

> 今日は、ヤギさんが遊びに来てくれました！

2 カードのヤギさんのお話を聞くしぐさをする。

> あれあれ、ヤギさんが何か言っているよ。うんうん、そっか、みんなとお友達になりたいのね！

3 ヤギさんのカードをミニステージの中央に置く。

> まかせて！ヤギさん。

4 ひもにダブルクリップで付けたぬいぐるみを布といっしょに取り出し、子どもたちにぬいぐるみが見えないように、布を広げてミニステージの手前から掛ける。

> 先生の
> とっておきのアイテム、
> **魔法の布を**
> **掛けます。**

ここがポイント！

＊布の掛け方＊

手前から見ると…

布を掛けるときに、ぬいぐるみがミニステージの真ん中にくるようにしながら、ぬいぐるみのおしりでカードを落とす。

⑤ おまじないをかける。

⑥ 布とダブルクリップ、ひもをいっしょに持って、ミニステージからサッと取り外す。

おまじないを
かけましょう。

エイッ

わぁ！
ヤギさんが
ぬいぐるみに
なっちゃった！

バサッ

第2章 じっくりマジック ⑥ 変身するヤギさん

⑦ 【しめ】ぬいぐるみを見せる。

＊しめくくりのことばがけ＊

これならみんなと
いっしょに
遊べるね！

ここがポイント！

＊ダブルクリップの取り外し方＊
手前から見ると…

布の上からさりげなくダブルクリップを外す。

子どもの不思議！実体験

マジックが終わったら、ぬいぐるみを子どもたちに渡してあげましょう。

アレンジ

- 誕生会のときには、紙に描いた花束と、本物の小さな花束でアレンジしてみましょう。

じっくりマジック ⑦

繰り返しOK! 楽しめる時間 3分

変身！ サプライズイリュージョン

こんなときにおすすめ！ 出し物として。

○○先生が…

布をかぶせると…

△△先生に入れ替わっちゃうよ！

ジャーン

用意するもの

- **大判の布**（シーツ、カーテンなど、大人の全身が隠れ、透けないもの） ······ 1枚
- **大型の積み木や巧技台など**（台にする）·· 1個

はじめる前の準備

ステージの幕を利用して、4人の大人で行ないます。
- マジシャン····1人
- 入れ替わる人··1人
- アシスタント··2人

それぞれ役割分担を決め、スムーズにできるように練習しておきましょう。

こうすると効果的！

音楽を流しながら行なうと、本格的なマジックのような雰囲気になります。また、シルクハットやチョウネクタイなど、衣装を用意するのもおすすめです（P.12～13参照）。

進め方

❶ **【はじめ】** マジシャン、アシスタント2人が登場。アシスタントの1人は布を、もう1人は大型積み木を持って登場する。

＊はじめのことばかけ＊

今日は、テレビで見るような、あっと驚くマジックをお見せします！

アシスタント　マジシャン　アシスタント

82

❷ ステージの真ん中に大型積み木を置き、マジシャンがその上に乗って立つ。アシスタントはマジシャンの両側に立ち、布を広げる。

❸ アシスタントは布を広げ、マジシャン役の両側で布を持つ。

布を広げてみましょう。さあ、何が起こるかな？

みんな、よくみてね。

第2章 じっくりマジック❼ 変身！ サプライズイリュージョン

❹ 布を広げている間に、幕の間から入れ替わる人が登場し布を両手でつかみ、マジシャンが布を持っているかのように見せる。

それでは……、

ここがポイント！

＊入れ替わり方＊

後ろから見ると……

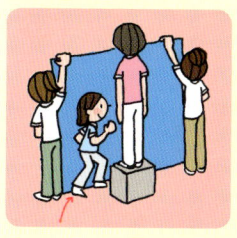

❸〜❹で、入れ替わる人が幕の間からそっと現れ、マジシャンの近くまで寄る。

幕の間から入れ替わる人がマジシャンの前に立ち、頭上で布を持つ。

83

❺ マジシャンは、見えなくなるように大型積み木を降りる。入れ替わる人は、両手で布を持ったままでいる。

……

ここがポイント！

＊はけ方＊

後ろから見ると……

マジシャンは大型積み木から降り、すばやく幕の間に隠れる。

❻ 入れ替わった人は自分で布をかぶるようなしぐさをして、アシスタントの2人がそれを助ける。

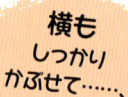

横もしっかりかぶせて……、

❼ 完全に隠れたところで、アシスタント2人がポーズを取る。その間に、マジシャンは幕の間から急いで観客席の後方に回る。

みんなでかけ声をかけてみましょう。
1、2、3！

❽ アシスタント2人がパッと布をとる。入れ替わった人がポーズ。

❾ マジシャンが観客席後方から登場する

はいっ！

ジャーン！

❿【しめ】マジシャンはステージに戻り、4人そろってポーズを取る。

＊しめくくりのことばがけ＊

みんな、ありがとう！

アレンジ

● 先生たちの出し物のひとつとして行なうだけでなく、子どもたちの発表会の導入として、司会役の先生が、これから行なわれる劇の登場人物やピエロなどに変身して登場するのもおもしろいでしょう。

第2章 じっくりマジック ❼ 変身！ サプライズイリュージョン

じっくりマジック ❽

サクラの花びらの素

こんなときにおすすめ！ 入園式など春の行事のときに。

サクラ色の水が……

花びらになって舞い上がるよ！

用意するもの

- **サクラの木のカップ**（縦長のカップめんの容器に色画用紙をはる）……… **1個**
- **しきり**（厚紙で作ったもの）……………… **1個**
- **ティッシュペーパー**… **数枚**
- **花吹雪**（フラワーペーパーを花びらの形に切る）…… **適量**
- **透明のコップ**（プラスチック製など）………… **1個**
- **サクラ色の水**（透明のコップに入れた水に、食紅または赤色絵の具を少量入れて溶く）………………… **適量**
- **扇子**………… **1個**

作り方

〈サクラの木のカップ〉色画用紙で空、野原、サクラの木を作り、カップめんの容器にはる。サクラの木は、つぼみの木をはった反対側に満開の木をはり、180度回転させると満開の木が見えるようにする。

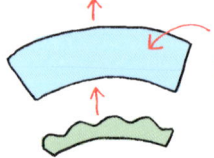

はじめる前の準備

カップめんの容器にティッシュペーパーを詰め、図のように厚紙で作ったしきりを入れ、しきりの部分にサクラの花びら形の花吹雪を入れておく。

進め方

1 【はじめ】テーブルの上にサクラ色の水とカップを用意し、扇子を持って登場する。
＊はじめのことばがけ＊

> これから、春にぴったりのマジックをします。

2 カップにサクラ色の水を注ぐ。

> まず、この**サクラ色の水を、カップに注ぎます。**

ここがポイント！

＊水の注ぎ方＊

カップは、初めは子どもたちにつぼみのサクラの木が見えるようにする。

❷でカップに水を注ぐときは、あらかじめ底に詰めておいたティッシュペーパーの部分に吸収される程度の分量を注ぐ。

3 扇子を使って、おまじないをかける。

4 カップをくるりと180度回転させて満開のサクラの面を見せ、子どもたちの反応を待つ。

> おまじないをかけると、花が咲きますよ！

> 花咲け〜、花咲け〜、エイッ！

> ほら！咲きました。

> え〜っ、先生それはただの絵だよ〜！

第2章 じっくりマジック ❽ サクラの花びらの素

87

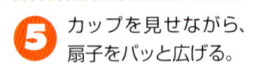

5 カップを見せながら、扇子をパッと広げる。

6 カップを少し傾けて、右手に持った扇子であおいで、少しずつ花吹雪を舞い上がらせる。

ここがポイント!

＊カップの傾け方＊

保育者側から見ると……

花吹雪を入れた部分を下にして、子どもたちにカップの中が見えないように傾ける。

「じゃあ、**カップの中はどうなっているかな?**」

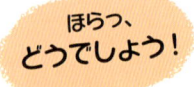

パッ

「ほらっ、**どうでしょう!**」

7 【しめ】カップを傾け、扇子で強くあおいで、どんどん花吹雪を舞い上がらせる。

こうすると効果的!

だんだんカップを高く持ち上げ、どんどん風を送って舞い上がらせると、華やかで雰囲気が盛り上がります。

＊しめくくりのことばがけ＊

サクラの花が満開になりました!

アレンジ

- クリスマスシーズンには、サクラ色の水を牛乳に、サクラの花びら形の花吹雪を白い紙吹雪に変えて、雪を降らせてみましょう。

じっくりマジック ❾

どんどん当たる名札

繰り返しOK! / 演じる時間 2分

こんなときにおすすめ！ 入園式のあとや進級時など、名札を配るときなどに。

「ゆずるくんの名札！」
「触っただけで、だれの名札か当てちゃうよ！」

用意するもの

- **名札**‥‥ 子どもの人数分
- **紙袋**（透明なセロハン紙をはって窓を作っておく）‥‥‥‥‥‥‥‥1個

作り方

紙袋の下の部分を図のように切り抜き、セロハン紙をはって窓を作る。

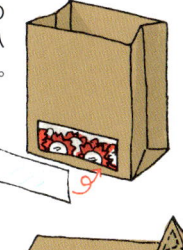

使う前や使ったあとは、窓が見えないように、図のように窓の部分を内側にして畳んでおく。

進め方

① 【はじめ】みんなの名札を入れた紙袋を持って登場する。

＊はじめのことばがけ＊

これから
みんなの名札を
配ります。

第2章 じっくりマジック ❽ サクラの花びらの素／❾ どんどん当たる名札

89

② まずは紙袋を見せ……、

先生ね、みんなのことを思って一生懸命、名前を書いたから、**触っただけで**だれの名札かわかるんだよ。

ここがポイント！

名札の当て方

手前から見ると…

紙袋の窓から、さりげなく名札を見ておく。

③ 紙袋の中で名札を探るふりをしながら、窓から見えている名札の名前を言う。

④ 名前を言った名札を取り出して見せる。

これは……、**ゆずるくんのかな～？**

はい！

❺ 次の名札を探るふりをしながら、窓から見えている名札の名前を言う。

❻ 名前を言った名札を取り出して見せる。❸~❹を繰り返して、どんどん当てる。

第2章 じっくりマジック ❾ どんどん当たる名札

次は……、
さほちゃん！

はい。
どうでしょう。

❼【しめ】全部名札を取り出し終えたら、窓が見えないように紙袋を畳んで終わりにする。

＊しめくくりのことばがけ＊

はい、おしまい！
先生の気持ち、
みんなに届いたかな？

パタン

アレンジ

- 名札のほかに、のりやハサミなどの文房具、カラーボールなど身近なものでやってみましょう。
- 卒園式のときなどに、同じようにひとりひとりに書いたメッセージカードを配れば、子どもたちにとってすてきな思い出になるでしょう。

じっくりマジック ⑩

紙の中からペットボトルが出現!

おまじないあり！ 演じる時間 1分

こんなときにおすすめ! 夏の水遊びのときなどに。

色画用紙の中から……

ペットボトルのお水が出てくるよ！

用意するもの
- 四つ切り色画用紙 ・・・・・・・・・・・・ 1枚
- 水の入ったペットボトル(500㎖) ・・・・・ 1本

進め方

① 【はじめ】右手に色画用紙を持って登場する。

はじめる前の準備

写真のように、軽く二つ折りにして中指を挟んで持った色画用紙の手前に、親指とひとさし指でペットボトルを隠し持っておく。

こうすると効果的!

「水分をとるために色画用紙を持ってきた」など、意味不明でOK。子どもたちに「何だろう?」「おもしろそう!」と思わせましょう。

＊はじめのことばがけ＊

今日は少し暑いね〜。のどが渇いたので、先生、画用紙を持ってきたよ。

② 右手の薬指を離して、色画用紙を向こう側にたらす。

「何も書いてないよ。」

③ 写真のように、色画用紙を持ち上げる。

「こちらもね！」

④ 色画用紙の両端がそろうところまで持ち上げる。

「ほら……、」

⑤ 右手のひとさし指と中指を緩めて色画用紙をたらし、緩めたひとさし指と中指で色画用紙のもう一方の端を持つ。❸〜❺で色画用紙の裏側を見せたことになります。

「ね！」

⑥ ❸〜❺をもう一度繰り返して、色画用紙を元に戻す。

「何も書いてないね！」

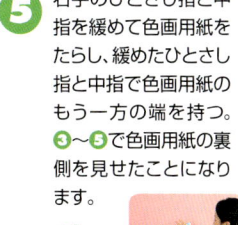

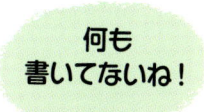

⑦ 写真のように、色画用紙を丸める。

「でも、こんなふうにくるくるっと……、」

第2章 じっくりマジック❿ 紙の中からペットボトルが出現！

⑧ 筒状に形を整える。

ここがポイント！
＊色画用紙の巻き方＊

ペットボトルと色画用紙を持った右手をくるむように、左手でペットボトルを握れる太さの筒状にする。

丸めて……、

⑨ 筒状にした色画用紙を左手に持ち替えて、右手でおまじないをかける。

おまじないをかけると……、

エイッ！

⑩ 左手の力を緩めてペットボトルを出し、右手でキャッチする。

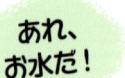

あれ、お水だ！

⑪【しめ】ペットボトルを見せて演技を終える。

＊しめくくりのことばがけ＊

これでお水が飲めるね！

子どもの不思議！ 実体験

水遊びをしている子どもたちに、ペットボトルの水をパシャパシャかけてあげましょう。本物の水が出てきたことを実感できます。

アレンジ
- 画用紙に子どもたちの好きなキャラクターの絵を描くと盛り上がるでしょう。
- クリスマス会のときに、ペットボトルの代わりに、ペットボトルサイズのクリスマスツリーを出してみましょう。

じっくりマジック ⓫

おイモ抜けるかな?

繰り返しOK! / 子どものお手伝いあり! / 演じる時間 2分

こんなときにおすすめ! 秋の行事などで。

＼ひもにぶらさがっていた おイモが……、／

＼するりと抜けちゃうよ!／

するり!

用意するもの

- **ひも**(長さ2m程度。なわとびでも可)…**2本**
- **おイモ**(色画用紙とモールで作ったもの)…………………**4個**
- **おまじない棒**(作り方→P.13。ペンやえんぴつなどでも可)…**1本**

進め方

① 【はじめ】おイモ4本とひも2本、おまじない棒を持って登場。

＊はじめのことばがけ＊

> 今日は、このひもとおまじない棒を使って、**おイモ掘りマジックを**しましょう!

作り方

〈おイモ〉色画用紙に図のようにセロハンテープでモールをはり、色画用紙をくしゃくしゃっと丸めておイモの形に整える。

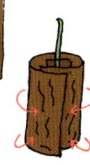

第2章 じっくりマジック ❿ 紙の中からペットボトルが出現!／⓫ おイモ抜けるかな?

❷ 2本のひもをおまじない棒に掛ける。

❸ 2本のひもを写真のように結ぶ。

まずは、こうして……、

おまじない棒にひもを結びます。

ここがポイント！

＊ひもの結び方＊

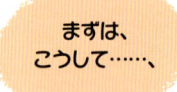

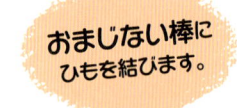

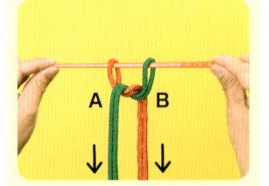

A　B

A（緑）のひもとB（赤）のひもを1回結ぶ。ひもの両側を引っ張って結び目をしっかり締める。（ここではわかりやすいようにひもの色を変えています）

❹ ひもの両側を2人の子どもに持ってもらう。ピンと張ったひもに4つのおイモを棒の両側にモールをねじってつるしていく。

○○くんと△△ちゃん、このひもを持ってもらえるかな？ここに、**おイモを**つるします。

❺ 全部のおイモをつるし終えたところで両側のひもを1本ずつ渡してもらい、一回結んでおイモを中央に寄せる。

○○くん、△△ちゃん、ひもを1本ずつもらえるかな？このひもを一回結んで……、さあ、おイモ掘りのはじまり、はじまり〜！

6 合図で2人の子どもたちにひもを引っ張ってもらうように言う。

7 かけ声に合わせて、おまじない棒を引き抜くと、おイモがするりと抜ける。

みんな、
「うんとこしょ、どっこいしょ」の
かけ声をお願いします！
○○くん、△△ちゃん、
かけ声に合わせて、ひもを
引っ張りましょう！

うんとこしょ〜、
どっこいしょ〜。
それっ！

うんとこしょ〜！

どっこいしょ〜！

するり！

第2章 じっくりマジック ⓫ おイモ抜けるかな？

8 【しめ】抜けたおイモを見せてポーズ。

＊しめくくりのことばがけ＊

おイモが取れて
よかったね！

パチパチパチ〜！

アレンジ

- 色画用紙のおイモの代わりに、ひもにハンカチを結び付けて行なってもよいでしょう。
- ナスやキュウリなどぶらさがって実る季節の野菜や果物にしてもいいですね。

じっくりマジック 12

鬼は外！　福は内！

繰り返しOK！
演じる時間 1分

こんなときにおすすめ！　節分の行事のときに。

鬼に豆まきをすると、福の神に変身!?

用意するもの

- **鬼と福の神を描いたカード** (八つ切り画用紙を半分にして使う)・・・・・・・・・・・・・・・・・**1組**
- **両面テープ**

作り方

図1　折り方
表面
裏面
同じ辺

八つ切り画用紙を半分に切り、図1のように1枚には鬼の絵、もう1枚には福の神の絵、それぞれの裏面に家を描く（型紙→P.127）。それぞれ、図1の①のように横にくるくると折り畳み、縦長になった画用紙を②のようにくるくると小さく折り畳んでいく。

図2　←後ろの面に逆さまの家がある。

折り畳んだ画用紙を、図2のように家が逆さまになるように両面テープではり合わせる。

98

> 進め方

① 【はじめ】鬼の家が見えるように、折り畳んだ画用紙を持って登場する。

＊はじめのことばがけ＊

「ここに、鬼の家があります。」

② 鬼の画用紙を広げていく。

「ある日、鬼は家を出て……、」

> ここがポイント！

＊画用紙の広げ方＊

手前から見ると…

反対面の福の神の画用紙が広がらないようにはり合わせた部分を押さえながら、鬼の画用紙をまず縦に広げていく。

次に、福の神の画用紙を押さえたまま、横に広げていく。

③ 画用紙を開ききって、鬼の絵を見せる。

④ 子どもたちに「鬼は外！」と言ってもらう。

「街にやってきました。」

「鬼退治のために、みんなで豆まきをしましょう。鬼は外〜！」

「鬼は外〜！」

第2章 じっくりマジック⑫ 鬼は外！福は内！

5 ②、③の逆の手順で、今度は横に画用紙を畳んでいく。

6 縦に画用紙を畳んでいく。

すると、

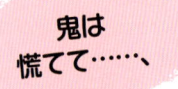

鬼は
慌てて……、

7 畳んで鬼の家の絵が出てきたら、そのまま回転させて、福の神の家を見せる。

家に帰って行って
しまいました。

ここがポイント！

＊画用紙の回転のしかた＊

手前から見ると…

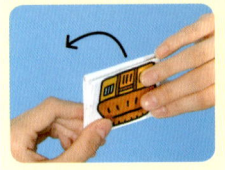

写真のように回転させる。

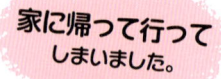

⑧ ❷と同様に、福の神の画用紙をまず縦に広げていく。

⑨ 福の神の画用紙を横に広げていく。

鬼は家に帰って、どうしたのかな？
気になるね。

もう一度、見てみましょう。
…あれ？

第2章 じっくりマジック⑫ 鬼は外！ 福は内！

⑩ 【しめ】画用紙を開ききって、福の神の絵を見せる。

＊しめくくりのことばがけ＊

あれあれ！
鬼が福の神になっちゃった！
きっとみんなの豆まきで、
気持ちをあらためたんだね。

ここがポイント！

＊画用紙の持ち方＊

手前から見ると…

重なった画用紙に気づかれないように左手でカバーして持ちましょう。

アレンジ

［家＝どこか］へ行くと、［鬼が福の神に変身＝何かに変身・成長］というストーリーをいろいろ考えて、絵をアレンジして描いてみましょう。
- 子どものライオンが、ジャングルに出かけて帰ってくると、強くてたくましい大人のライオンに。
- オタマジャクシが池の中で成長して、カエルに。
など。

101

じっくりマジック ⑬

こころのリボン

おまじない あり！
感じる時間 1分

こんなときにおすすめ！ 卒園・進級のときや、出し物に。

カップに集めた みんなの気持ちが……、

1本のリボンになって出てくるよ！

用意するもの

- **マグカップ** ……… 1個
- **新聞紙** ……… 2〜3枚
- **リボン**（長さ150cm程度）……… 1本
- **ヘアゴム**（または輪ゴム）……… 1個
- **両面テープ** …… 適量

はじめる前の準備

カップの口よりも大きめに切った新聞紙を別の新聞紙に両面テープではり、中にリボンを入れておく。

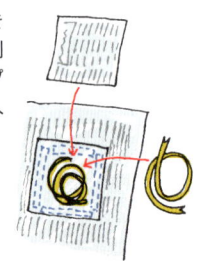

進め方

① 【はじめ】新聞紙、カップを持って登場。ポケットにヘアゴム（または輪ゴム）を入れておく。

＊はじめのことばがけ＊

今日は、みんなの気持ちを形にして見せたいと思います。

② マグカップで思いを集めるしぐさをする。

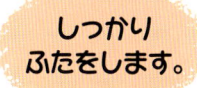

③ 新聞紙のしかけの部分を切り取る。

まずは、このカップで**みんなの思いを集めましょう！**

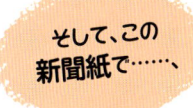

そして、この**新聞紙で……、**

④ 切り取った新聞紙をカップにかぶせてふたをし、ヘアゴム（または輪ゴム）で留める。

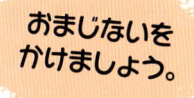

⑤ おまじないをかける。

しっかりふたをします。

おまじないをかけましょう。

エイッ！

第2章 じっくりマジック ⓭ こころのリボン

103

⑥ 新聞紙のしかけの部分を少し破る。

⑦ 中からリボンを引き出して見せる。

ここがポイント！

＊リボンの取り出し方＊

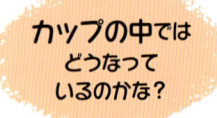

新聞紙は、ひとさし指で軽くつつくだけで簡単に破れ、中のリボンが取り出せます。

カップの中ではどうなっているのかな？

ほらほら、

子どもの不思議！ 実体験

子どもにリボンを引っ張ってもらうといいでしょう。

⑧ 【しめ】リボンをすべて引き出し、みんなに見せる。

＊しめくくりのことばがけ＊

みんなの思いがつながって1本のリボンになりました！

子どもの不思議！ 実体験

マジックが終わったら、子どもにリボンを渡して見せてあげましょう。

アレンジ

- 透明なカップを使うと、からのカップの中からリボンが出てくるところが見えて不思議さが増すでしょう。
- リボンの代わりにキラキラモールを使うと、さらに華やかになるでしょう。

第3章

遠足などにも！
お散歩マジック

屋外は、さまざまな不思議や生命力で満ちています。
遠足やお散歩は、子どもたちが自然を体感するチャンスです！
マジックの小道具に使うのは、身近な葉っぱや小枝など。
自然物を使ったマジックによって、
子どもたちは、それまで気にしていなかった
風景や植物にも関心を持つようになるでしょう。

お散歩マジック ①

元気な葉っぱ

繰り返しOK！
ごまかしなし！あり！
楽しめる時間 1分

こんなときにおすすめ！ 遠足やお散歩の途中で。園庭で遊んでいるときに。

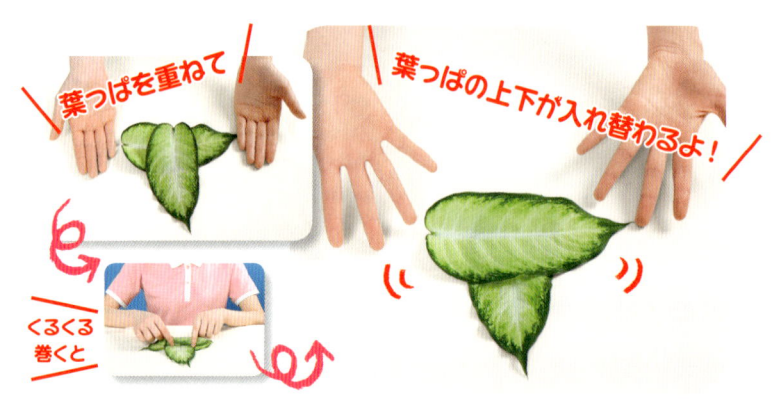

葉っぱを重ねて

葉っぱの上下が入れ替わるよ！

くるくる巻くと

用意するもの

● 大きめの葉‥‥‥‥2枚

進め方

① 【はじめ】2枚の葉を表裏に返しながら子どもたちに見せる。

＊はじめのことばがけ＊

みんな、見てごらん！大きな葉っぱを見つけたよ。どっちが元気だと思う？

② まず、元気な葉っぱを横向きに置き、その上にもう1枚、縦に置く（子どもたちから見てT字形に）。

元気な葉っぱを下に置きます。

106

❸ 重ねた葉を手前から巻き上げていく。

❹ 先端を2～3cm残したところで巻くのをやめ、指で押さえる。

❺ 横向きの葉を手前に引きながら、全体に広げていく。

第3章 お散歩マジック ❶ 元気な葉っぱ

こんなふうに**葉っぱを巻いて**……、

おまじないをかけると、

あれあれ、

くるくる、くるくる……

くるくる エイッ！

❻【しめ】横向きの葉っぱが上にきたことを見せる。

＊しめくくりのことばがけ＊

元気な葉っぱだから、上にきちゃったね！

ここがポイント！

＊葉っぱの広げ方＊

巻いてある葉を手前に広げていくときに、上にある横向きの葉をさりげなく手前に引きながら位置を調整し、最初と同じT字形になるようにします。

アレンジ

● お札のような長方形の紙を使ってもできます。ヒーローと悪者などの絵を描いて、「どちらが強いかな？」などとアレンジしてみましょう。

107

お散歩マジック ❷

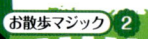

がんばれ！枝くん

繰り返しOK!　演じる時間1分

こんなときにおすすめ！　遠足やお散歩の途中で。園庭で遊んでいるときに。

あら、不思議！

用意するもの

- 枝　………………　数本
（1本は、写真のように引っ掛ける突起があるものを選ぶ）

引っ掛ける部分

進め方

❶　【はじめ】数本の枝をまとめて持ち、子どもたちに見せる。

＊はじめのことばかけ＊

枝がたくさんあるね。
いちばんがんばる
枝くんはどれかな～？

❷　枝を1本1本調べているように見せながら、突起の付いた枝と、もう1本の枝を選ぶ。

この2本はどうかな？
試してみましょう！

108

❸ 突起の付いた枝を右手に、もう1本を左手に持ち、左手の枝が上になるように2本を交差させる。

ここがポイント！
＊枝の持ち方＊

突起の部分は、右手のひとさし指と中指で挟みます。

❹ ゆっくりと、左手の親指、右手の親指の順に離す。

こうやって2本を交差させて……、**指を離してみるよ。**

ここがポイント！
＊枝の離し方＊

パッと指を離さず、ゆっくりと慎重に離して、バランスを保っているように見せましょう。

みんな、枝くんがんばれるように**応援してみて！**

がんばれ～！
がんばれ～！

第3章 お散歩マジック ❷ がんばれ！枝くん

❺【しめ】枝は落ちず、バランスを保っているところを見せる。

＊しめくくりのことばがけ＊

ほら、この枝くんはすごく**がんばったね！**

さらに効果的！
❷と❸で、まず突起のない枝2本を選び、一度、バランスを崩して落としてから続けると、落ちない枝のすごさが強調できます。

アレンジ
● いろいろな枝で繰り返し、「がまん強さNo.1選手権」をしても楽しいでしょう。

お散歩マジック ③

折れても元に戻る小枝

感じる時間 1分

こんなときにおすすめ！ 遠足やお散歩の途中で。園庭で遊んでいるときに。

ポキポキッ

折ったはずの小枝がもとに戻っちゃうよ！

パッ

用意するもの

- 小枝 ・・・・・・・・・・・・ 2本
- ハンカチ ・・・・・・・・・ 1枚

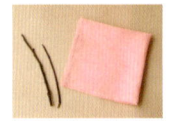

はじめる前の準備

ハンカチに下図のように縫い返しを作り、小枝を隠す（縫い返しのあるハンカチがあればそれを利用する）。

進め方

① 【はじめ】子どもたちに小枝を見せる。

＊はじめのことばがけ＊

みんな、先生は**すごいパワーを**持った小枝を見つけたよ！

② 子どもに小枝を渡し、ハンカチの上に置いてもらう。

どれくらいすごいか、試してみましょう。ハンカチに小枝を置いてください。

110

③ ハンカチの四隅を折り小枝をハンカチで包む。

こうやって小枝を包みます。

④ 小枝をハンカチで包み、ハンカチの上から小枝を2～3回折る。
※折るときに指を刺さないように注意しましょう。

そして…小枝を折っちゃいます

ポキポキッ

ここがポイント!

＊小枝の折り方＊

実際は、子どもが置いた小枝ではなく、隠しておいた小枝を折ります。

折り返しの小枝の位置に気をつけてハンカチを折る。

↓

縫い返しに隠しておいた小枝をつまんで折る。

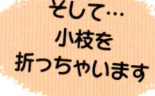

第3章 お散歩マジック ❸ 折れても元に戻る小枝

⑤ ハンカチに気持ちを込めるしぐさをする。

小枝のパワーがたくさん出るように、「1、2、3！」でみんなも気持ちを送りましょう！

1、2、3！

⑥ ハンカチをサッと広げて、折れていない枝をテーブルに落とす。

＊しめくくりのことばがけ＊

はい！折れた小枝が元どおりになったよ！

コロン

子どもの不思議！ 実体験

元どおりになった小枝を子どもに渡して触ってもらいましょう。音が鳴って確かに折れたはずなのに……と不思議さが増すでしょう。

アレンジ

● 小枝の代わりにアイスキャンディーの棒を使ってもよいでしょう。ポキッ、ポキッと折れるものであればなんでもOKです。

111

お散歩マジック ④

穴が消えちゃうペットボトル

繰り返しOK！
演じる時間 1分

こんなときにおすすめ！ 遠足のお弁当のあとや、お散歩の途中で。水遊びのときに。

ペットボトルにあけた穴が
ポタポタ
消えちゃったよ

用意するもの

- **水の入ったペットボトル**
  （四角いものがよい）…**1本**
- **ティッシュペーパー**…**数枚**
  （スポンジでも可）
- **小枝**……………**1本**

始める前の準備

ティッシュペーパーに水をしみ込ませ、右手の中指と薬指の付け根の辺りで軽く握っておく。

進め方

❶【はじめ】ペットボトルと小枝を持って登場。

❷ 小枝を見せる。

はじめのことばがけ

みんな、このペットボトルは、ちょっとすごいんだよ。

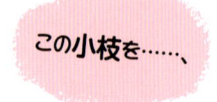

この小枝を……、

第3章 お散歩マジック ❹ 穴が消えちゃうペットボトル

❸ ペットボトルに小枝を突き刺すしぐさをしながら、ティッシュペーパーを強く握り、水をたらす。

あっ！やっちゃった！

エイッ！
ポタポタ……

ここがポイント！
小枝の刺し方
手前から見ると……

ペットボトルと水が透明なことを利用して、実際には小枝を刺さずに、手前に滑らせていかにも刺したように見せます。タイミングよくティッシュペーパーを握り締めて、水をたらしましょう。

❹ 小枝を抜く。

でもね

❺ 指で穴をふさぐようにペットボトルをなでる。

こうやって指で穴をなでると……

❻【しめ】穴が消えてしまったことを見せて、演技を終える。

しめくくりのことばがけ

ほら、穴が消えてしまったよ！すごいでしょ！

なでなで

子どもの不思議！実体験
マジックが終わったら、ペットボトルを子どもに渡してあげましょう。不思議な気持ちがさらにアップするでしょう。

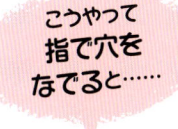

アレンジ
- 小枝を割りばしやフォークにしたり、ペットボトルをレモンやミカンなど水分が出てくるものにしたりして、アレンジしてみましょう。

113

お散歩マジック ⑤

葉っぱがいっぱい！

おまじないあり！
感じる時間 1分

こんなときにおすすめ！ 遠足やお散歩の途中で。園庭で遊んでいるときに。

2枚の葉っぱが……

こんなにたくさんの葉っぱに！

用意するもの

- **葉**（アジサイの葉など柔らかいもの）‥‥**7〜8枚**

はじめる前の準備

葉2枚を残し、そのほかを写真のようにずらして重ね、指が入る太さに丸める。

丸めた葉を重ねた2枚の葉の後ろに隠し持っておく。

進め方

1 【はじめ】2枚の葉を見せる。

＊はじめのことばがけ＊

ここに葉っぱがあります。
何枚あるかな〜？

2枚！

② 話をしながら、2枚の葉を……、

③ 重ねて巻いていく。

2枚だね！
この2枚の葉っぱを……、

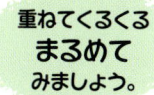

重ねてくるくる**まるめて**みましょう。

④ 巻いた葉を左手に持ち、右手でおまじないをかける。

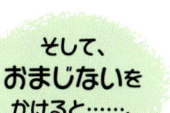

⑤ まるめた葉の内側から葉を引き出す。

そして、**おまじないを**かけると……、

あれあれ！

エイッ！

ここがポイント！
＊葉の巻き方・出し方＊

手前から見ると……

くるくる

しかけの葉を包み込むように葉を巻いていく。

↓

巻いた葉の中にひとさし指を入れ、内側の葉を引き出す。

第3章 お散歩マジック ⑤ 葉っぱがいっぱい！

❻ 長く引き出せるだけ伸ばす。

❼ 1枚の葉を取り出す。

❽ 次々に葉を取り出していく。

なんだろう？

葉っぱ！

葉っぱ！葉っぱ！……、葉っぱ！

❾【しめ】葉を全部出し終えたら、テンポよくポーズを決める。

＊しめくくりのことばがけ＊

ほ〜ら！葉っぱがいっぱい！

アレンジ

- 葉の枚数を増やすと、より華やかになります。たくさんの葉を使うときは、写真のように葉を重ね、巻き終わりの最後の葉を両面テープで固定するとやりやすいでしょう。

- 異なる形や色の葉をしかけるのもGood。
- さまざまな色の色紙を葉っぱの形に切って行なってもよいでしょう。

お散歩マジック ❻

おうちに帰る木の実

繰り返しOK！ / おまじないあり！ / 演じる時間 1分

第3章 お散歩マジック ❺ 葉っぱがいっぱい！／❻ おうちに帰る木の実

こんなときにおすすめ！ サクラやナンテンなど木の実がなる季節に。

木の実に……

おまじないをかけたら消えちゃったよ！

用意するもの

- 茎や枝、ヘタの付いた木の実 ……………… 1個
- ポケットのある服やズボン

※ここでは、サクランボを使っています。

進め方

❶ 【はじめ】 右手でヘタをつまみ、子どもたちによく見せる。

＊はじめのことばかけ＊

おいしそうな**木の実**があるよ。

117

② 木の実を右手から左手に持ち替える。

そうそう、

ここがポイント!

ヘタのちぎり方

このときに、さりげなくヘタをちぎって実を切り離し、実を左手で持っているように見せます。手前から見ると……

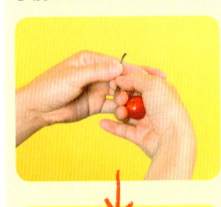

右手の中でヘタと実を切り離す。

右手で実を隠し持ちながら、ヘタだけを左手に渡す。左手は実を持っているように軽く握る。

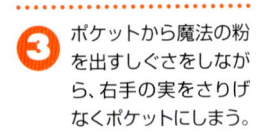

③ ポケットから魔法の粉を出すしぐさをしながら、右手の実をさりげなくポケットにしまう。

魔法の粉を……

④ 魔法の粉を振り掛けるしぐさをする。

パラパラパラ……

パラパラパラ…

第3章 お散歩マジック ❻ おうちに帰る木の実

❺ ヘタをちぎるしぐさをして、そのまま下へ落とす。

ピッ

❻ テンポよく、おまじないをかける。

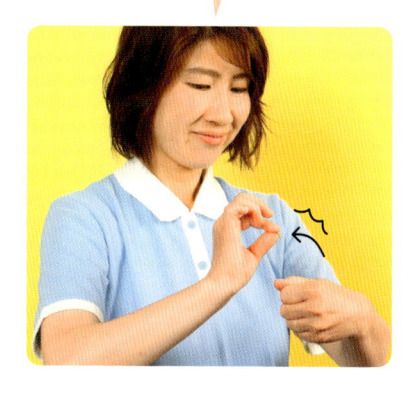

エイッ！

❼ 【しめ】両手を開いて、木の実が消えたことを見せる。

＊しめくくりのことばがけ＊

木の実は、お母さんが恋しくなって、**おうちに帰っていきました。**

こうすると効果的！

左手の指を1本ずつ、ゆっくり開いていくと、手の中から木の実が消えたことが強調されます。

アレンジ

- イチゴ狩りで取った茎付きのイチゴやミニトマトを使って「おいしくな〜れ！」とおまじないをかけて行なえば、楽しいだけでなく、「食」への興味にもつながるでしょう。

お散歩マジック ⑦

ミラクル元気ハンカチ

演じる時間 1分

こんなときにおすすめ！ お散歩や遠足の途中、自然の中で。

花のないバラが……

ミラクル元気ハンカチでくるむと、元気になってお花が咲くよ！

用意するもの

- 花の咲いているバラ ・・・・・・・・・・・・・・ 1本
- 花の咲いていないバラ（茎と葉のみ）・・・・ 1本
- 大きめのハンカチ ・・・・・・・・・・・・・・・ 1枚

※ここではバラの花を使っていますが、ほかの植物でも可。

はじめる前の準備

ハンカチの中に、花の咲いたバラを隠し持っておく。

進め方

① 【はじめ】右手には花の咲いていないバラを、左手には花の咲いたバラを隠したハンカチを持って登場。

＊はじめのことばがけ＊

花がないわ。でも、先生はとてもよいことを教わりました。

120

❷ 花の咲いていないバラを置き、ハンカチを掛ける。

❸ ハンカチをくるくると巻く。

このように
ミラクル元気ハンカチに
バラを置いて……、

くるくると
巻いて
いくと……、

第3章 お散歩マジック ❼ ミラクル元気ハンカチ

ここがポイント　＊ハンカチの置き方、巻き方＊

保育者側から見ると

❷でハンカチを広げるときに、子どもたちに見えないように、花の咲いたバラをハンカチの下に置く。

花の咲いていないバラを、図のように置く。

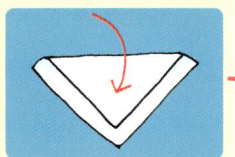

ハンカチの奥の角を手前に折る。

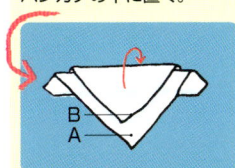

❸で、図のように、ハンカチの下の花が咲いたバラごと、ハンカチを外側に巻いていく。このとき、Aの角を見失わないようにする。

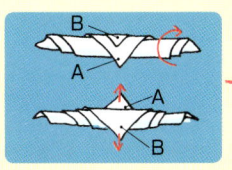

巻き続けてAが手前から反対側に移り、Bが一回転して前にきたら、巻くのをやめ、AとBを両側に広げる（❹）。

完全に広げると、2つのバラが入れ替わる（❺）。

121

④ 写真のようにハンカチを広げていく。

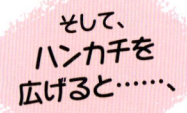

⑤ 完全にハンカチを広げる。

そして、ハンカチを広げると……、

ほ〜ら！

⑥ 【しめ】花が咲いたバラを見せる。

＊しめくくりのことばがけ＊

元気に花が咲いたよ！

子どもの不思議！ 実体験

お散歩や遠足の途中など自然の中で行なうと、より植物の生命力や自然を感じることができて効果的です。

アレンジ

自然の中のいろいろなものを元気にしてみましょう。
- しおれた草花→元気な草花
- 枯れた枝→葉の付いた枝
- 枯れた葉っぱ→緑の葉っぱ

型紙

- 本書で紹介した製作物の型紙です。本書をコピーして切り取って色を塗ったり、図案を折り紙などの別の紙に写したりして使いましょう。
- コピーを取るときは、作品ごとに表示している拡大率を目安にすると、ちょうどよい大きさになります。
- 点線（--------）は切り取るときの目安の線です。

P.16 増える友達コイン

目安の拡大率 140%

拡大コピーして色を塗り、厚紙や画用紙にはるなどして使いましょう。

▲イヌ　　▲ネコ　　▲クマ

▲ウサギ　　▲ネズミ　　▲リス

▲▶タマゴとヒヨコ

P.36 瞬間！ひも通し

目安の拡大率 140%

拡大コピーして色を塗り、画用紙にはって、ひもの先を挟んで裏側をはり合わせましょう。

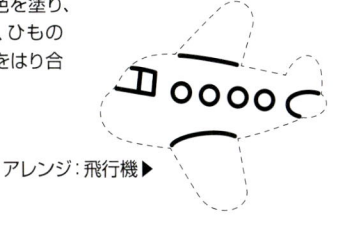

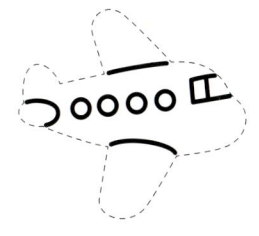

アレンジ：飛行機▶

P.18 元気な鯉のぼり

目安の拡大率 140%

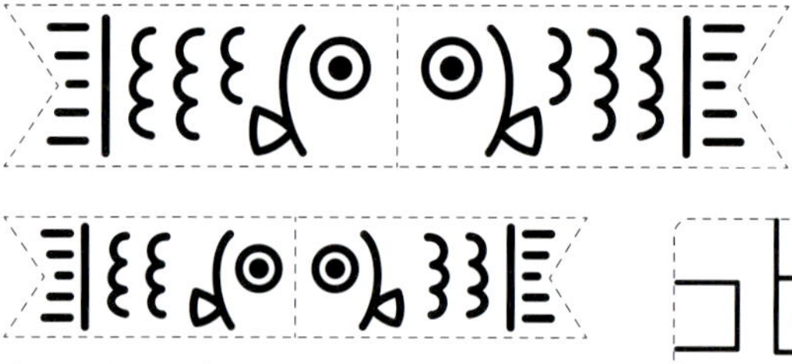

◀鯉のぼり

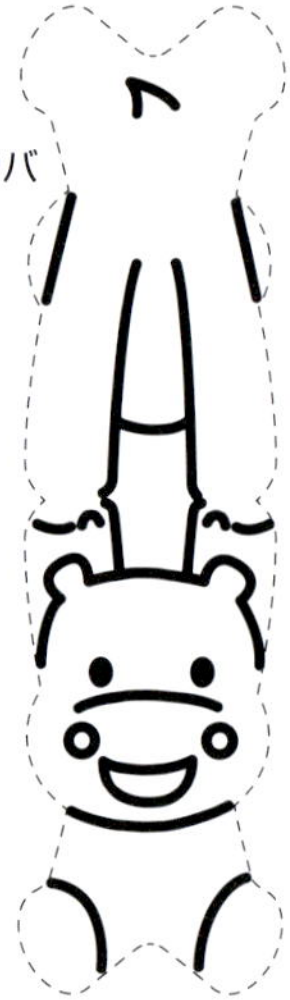

▶アレンジ：カバ

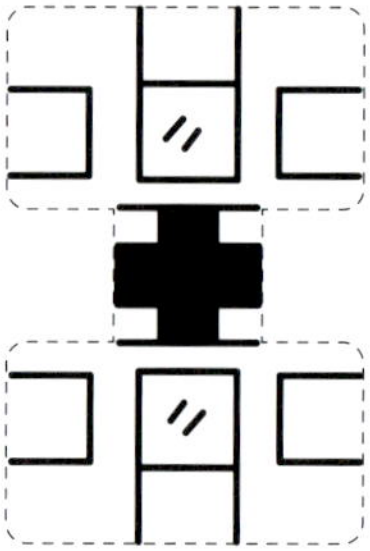

拡大コピーして色を塗るか、折り紙に写し取るなどして使いましょう。

P.27 ピョンピョン ウサギちゃん

目安の拡大率 140%

拡大コピーして色を塗り、画用紙にはるなどして、輪ゴムを挟んで裏側をはり合わせましょう。

▲アレンジ：ロープウェイ

P.33 ストローの ダンス

目安の拡大率 200%

拡大コピーして色を塗り、画用紙にはるなどして、ストローを挟んで裏側をはり合わせましょう。

▼アレンジ：フラダンサー

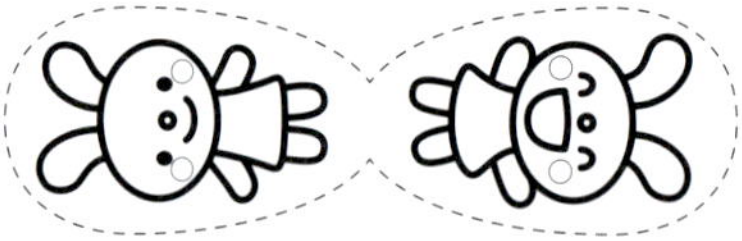

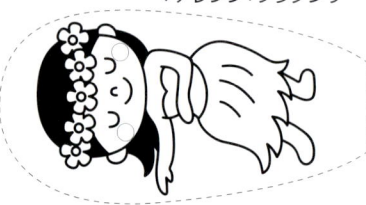

P.30 タヌキさんと 鬼ごっこ

目安の拡大率 140%

拡大コピーして色を塗り、画用紙にはるなどして、輪ゴムを挟んで裏側をはり合わせましょう。

P.60 ふたりの力持ちさん

目安の拡大率 300%

力持ちさんふたりは、拡大コピーして色を塗り、トイレットペーパーの芯に巻き付けましょう。

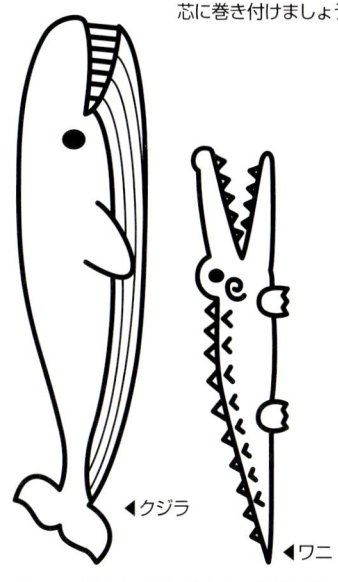

◀クジラ

◀ワニ

ワニ、クジラは、拡大コピーして折り紙や画用紙に写し取るなどして使いましょう。

▲力持ちさん1

▲力持ちさん2

P.51 力持ちのクマさん

目安の拡大率 250%

拡大コピーして厚紙に写し取るなどして、カードを作りましょう。

P.79 変身するヤギさん

目安の拡大率 280%

拡大コピーして色を塗り、画用紙にはるなどして、折って底面をはり立体的なカードにしましょう。使うぬいぐるみに合わせて、イラストは変えてください。

▲ヤギ

P.86 サクラの花ビラの素

目安の拡大率 300%

拡大コピーして色を塗るか、色画用紙に写し取るなどして、カップめんの容器にはり付けましょう。容器は商品によって大きさが違うため、使うカップに合わせて大きさや形の調整をしてください。

▼青空　▼野原

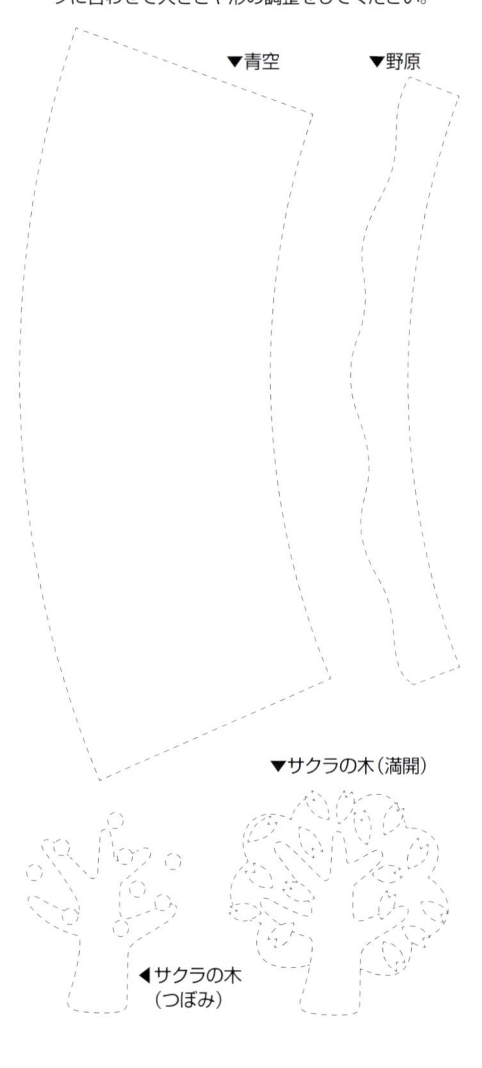

▼サクラの木（満開）

◀サクラの木（つぼみ）

P.98 鬼は外！　福は内！

目安の拡大率 325%

▶鬼

▶福の神

拡大コピーして色を塗るか、色画用紙に写し取るなどして使いましょう。家はそれぞれ、P.98にあるように、「鬼」と「福の神」の絵の裏側にはるか写し取るかします。

◀家

〈著者〉
菅原　英基（すがわら　えいき）
1967年生まれ。ニュージェネレーションカンパニー主宰、マジシャン。洗練されたステージショーやテーブルマジックは多方面で好評を博し、また、二代目引田天功のスタッフとして数々のイベントを手掛ける。クルーズ元年といわれる1989年からは、豪華客船ほか数多くの客船事業に参加・出演。近年は、幼児教育関係機関での講演や、結婚式や披露宴でのマジック演出、雑誌への執筆などで幅広く活躍する。
ホームページ　http://www.n-generation.net/

〈STAFF〉
- **撮影**／田中史彦、江村伸雄
- **撮影協力（モデル）**／石山陽子（SHREW）・石井由紀子・
  　　　　　　　　　　　菅田奈美・津々見沙月・根本彩夏・
  　　　　　　　　　　　宮崎舞（SHREW）
- **イラスト**／すみもとななみ
- **作品製作**／菊地清美
- **本文デザイン＆DTP**／大井信二郎・木村陽子・江部憲子（フレーズ）
- **型紙トレース**／結城繁
- **編集協力**／株式会社　童夢
- **企画・編集**／長田亜里沙・安藤憲志
- **校正**／堀田浩之

本書（型紙以外）のコピー、スキャン、デジタル化等の無断複製は著作権法上での例外を除き禁じられています。本書を代行業者等の第三者に依頼してスキャンやデジタル化することは、たとえ個人や家庭内の利用であっても著作権法上認められておりません。

ハッピー保育books⑭
保育で使える！　わくわくマジック
2011年10月　　初版発行
2020年 7 月　　第6版発行

著　者　菅原　英基
発行人　岡本　功
発行所　ひかりのくに株式会社
〒543-0001　大阪市天王寺区上本町3-2-14　郵便振替00920-2-118855　TEL.06-6768-1155
〒175-0082　東京都板橋区高島平6-1-1　　郵便振替00150-0-30666　　TEL.03-3979-3112
ホームページアドレス　https://www.hikarinokuni.co.jp

印刷所　日本写真印刷株式会社
©2011　乱丁、落丁はお取り替えいたします。

Printed in Japan
ISBN978-4-564-60793-6
NDC376　128P 18×13cm